META-VERSO

—— Pioneros en un viaje
más allá de la realidad

EDGAR MARTÍN-BLAS

META–
VERSO

Pioneros en un viaje
más allá de la realidad

MADRID | CIUDAD DE MÉXICO | BUENOS AIRES | BOGOTÁ
LONDRES | SHANGHÁI

Colección Acción Empresarial de LID Editorial
www.LIDeditorial.com

A member of:

businesspublishersroundtable.com

© Edgar Martín-Blas 2022
© Editorial Almuzara S.L. 2022 para LID Editorial, de esta edición.

EAN-ISBN13: 978-84-11312-03-5
Edición: Pilar Pimentel
Corrección: Cristina Matallana
Maquetación: produccioneditorial.com
Diseño de portada: Juan Ramón Batista
Impresión: Cofás, S.A.
Depósito legal: CO-1071-2022

Impreso en España / Printed in Spain

Primera edición: junio de 2022

Te escuchamos. Escríbenos con tus sugerencias, dudas, errores que veas o lo que tú quieras. Te contestaremos, seguro: *info@lidbusinessmedia.com*

Para Montse y Omar,
por estar siempre ahí.

— ÍNDICE —

— Introducción

EL METAVERSO, UN SUEÑO DE MILES DE AÑOS —

Todos nacemos con la capacidad de soñar; tenemos anhelos y proyectamos en nuestra mente lugares a los que quisiéramos viajar o experiencias que desearíamos vivir. Invertimos gran parte de nuestra vida en perseguir esos sueños; algunos —sobre todo los alcanzables en el mundo real— se cumplirán, pero otros serán meras quimeras que solo existirán en nuestra prolífica imaginación. Visitar el país de Oz y recorrer el camino de baldosas amarillas, vivir un día dentro de la ciudad de Rivendel de *El Señor de los Anillos,* viajar al pasado, a una época en la que los dinosaurios dominaban la Tierra, o pisar un exótico planeta con vida inteligente en principio son experiencias limitadas al delirio, a la mera ilusión mental o al ejercicio imaginativo personal al leer un libro o ver una película.

Desde tiempos inmemoriales el ser humano ha intentado romper la barrera de los sueños acercándonos a ellos mediante el arte. Primero fue en las paredes de las cavernas, donde los primeros pobladores dibujaron un mundo entre lo real y lo imaginario con utensilios rudimentarios o con sus propias manos. A veces usaban los relieves de la propia cueva para dar sensación de tridimensionalidad a su obra; había ya algo en ese efecto de volumen que dotaba de gran realismo a sus pinturas, que parecían cobrar vida propia como por arte de magia.

Ya en 1503 el Bosco nos presenta su obra *El jardín de las delicias,* un tríptico que en su versión cerrada muestra la Tierra en el momento de la creación pero que al abrirse desvela su verdadera narrativa: plantea tres mundos, uno por cada tabla: el jardín del Edén, el jardín de las Delicias y el infierno. La intención del artista es llevarnos a otro mundo con su obra y que nos sintamos parte de ella; por eso plasma en su pintura un lugar lleno de detalles donde parece que podemos hasta caminar y recorrer sus infinitos escenarios.

Muchos siglos después, en pleno siglo XX y con la llegada de la electrónica y las pantallas, aparece un concepto totalmente disruptor: la «realidad virtual». Esta tecnología se basa en dos principios básicos: por un lado, el control de la visión del usuario mientras tiene los ojos tapados con dos pantallas que hacen un efecto estereoscópico (3D) y, por otro, la detección del movimiento de la cabeza para que el contenido que visualizamos vaya sincronizado con los movimientos reales que hace nuestro cuerpo. Se trata de una carrera iniciada en la década de 1950 por auténticos pioneros de la electrónica que en 2012 llegó al punto de no retorno cuando Palmer Luckey, un chaval de Long Beach, California, con apenas veinte años, creó el prototipo de un nuevo visor de realidad virtual: el revolucionario Oculus Rift.

Aquel proyecto de micromecenazgo *(crowdfunding)* se fue moviendo rápido, los foros echaban chispas ante lo que había conseguido el joven Luckey: simplificar los costosos visores de décadas anteriores que ofrecían una experiencia virtual poco satisfactoria para el usuario.

Para ello empleó los componentes de un simple móvil: por una parte, la pantalla (que ya ofrecía una gran resolución y con la que, al dividirla por cada ojo, se conseguía un efecto estereoscópico muy real) y, por otra, los sensores de aceleración y giro (que ya estaban presentes en la mayoría de los móviles de la época para la detección del movimiento de la cabeza del usuario). Luckey juntó estos componentes de forma magistral en el laboratorio de su casa y logró que la experiencia virtual fuera algo sencillo y accesible para la mayoría de los usuarios. Además, el dispositivo ofrecía una calidad inaudita para un visor por los apenas 300 dólares que costaba financiar su proyecto y recibir el prototipo para comenzar a experimentar el mundo virtual de primera mano.

En apenas unos meses recaudó 2.4 millones de dólares, diez veces su objetivo original de 250 000 dólares. Había algo más allá de la tecnología en todo ello, incluso algo romántico: el joven californiano era un pequeño héroe que desafiaba a las grandes tecnológicas del momento, aquellas que basaban todo su negocio en las patentes cerradas y en los productos creados con gran inversión en I+D. Con esta hazaña presenciábamos el nacimiento de una categoría nueva de organización, una pequeña empresa que actúa rápido y que se mueve como pez en el agua en el mar de la tecnología gracias a su inteligencia y astucia.

Al poco tiempo de conseguir su gran éxito entre *geeks* de medio mundo, Facebook (actual Meta) adquirió la compañía en 2014 por la friolera de 2000 millones de dólares. Algo había pasado, pero el mundo aún no era consciente de lo que se avecinaba. Las noticias volaron como la espuma: una red social había comprado un visor de realidad virtual. Los analistas le auguraban un gran fracaso por ser una tecnología nicho, pero Mark Zuckerberg, CEO de la empresa, estaba seguro de su apuesta. Habíamos pasado por varias fases en lo que conocíamos como *Internet:* primero texto, luego fotos, más tarde vídeos y redes sociales, y ahora tocaba crear algo nuevo, un viejo sueño de la ciencia ficción llamado *metaverso.*

▬ «El metaverso es un nuevo Internet tridimensional en el que sentimos presencia». ▬

¿Qué es el metaverso?

Partiendo de mi experiencia y opinión personal, he recogido los conceptos principales para dar una explicación sencilla de este universo virtual:

> *Metaverso* es una evolución del Internet que conocemos que nos muestra la información de forma plana, en 2D, dentro de un navegador o de una aplicación. Por tanto, el metaverso es un nuevo Internet tridimensional (3D) en el que sentimos presencia gracias a los visores virtuales con los que accedemos a él. Dentro de este escenario virtual podemos andar, interactuar, hablar, etc., hasta sentir que somos parte de la acción; pero la gran diferencia con el anterior concepto de Internet es que aquí hacemos actividades, pertenecemos a un mundo que se despliega ante nosotros y que es susceptible de ser modificado según nuestras actuaciones.

El metaverso es lo más parecido a entrar en un sueño lúcido en el que todo es posible o es posible hasta donde su creador nos permita interactuar; se trata de la evolución a un Internet de experiencias donde los usuarios pueden vivir aventuras increíbles en lugares ficticios o viajar junto a sus amigos a destinos imposibles, como a un planeta a millones de años luz. Este nuevo Internet nos ofrece un paso más allá en el contenido digital. Tal vez sea el paso más importante desde la aparición del cine como medio catalizador de la imaginación humana, ya que aquí se teletransporta al espectador a otro mundo, y ese mundo es creíble.

Pero este metaverso no solo es para la realidad virtual; su alcance resulta mucho mayor. La inmersión dentro del metaverso se puede lograr de tres maneras que transforman por completo la experiencia e, incluso, añaden nuevas tipologías que podrán expandirlo en las próximas décadas.

Proceso de diseño del metaverso Vodafone.

1. **Realidad virtual (inmersión al 100 %).** La conseguimos al ponernos un visor que bloquea completamente nuestra visión del mundo real, que es sustituida por una generada de forma digital. Los movimientos de nuestros cuerpo, cabeza y manos se trasladan a un avatar y exploramos el metaverso en su máxima calidad visual y sensitiva.

   Esta categoría nos lleva al metaverso en su máxima expresión, pero tiene un talón de Aquiles: el aislamiento de la persona, ya que las gafas no nos dejan ver el mundo real, lo que origina enseguida un efecto de fatiga. El tiempo idóneo de inmersión en una sesión de este tipo es de 1-2 h, como una película en el cine.

   Para explicarlo de forma sencilla, pensemos en la escena de la película *Mary Poppins* en la que los protagonistas entran en un cuadro pintado en el suelo y pasan del mundo en 2D al virtual, que se convierte para ellos en un lugar físico, real.

2. **Realidad mixta (inmersión al 50 %).** Es una tipología nueva, todavía en la fase de los primeros prototipos, pero que casi con total seguridad será la forma masiva de disfrutar del metaverso en las futuras décadas.

Consiste en un visor con cristales transparentes —como unas gafas de ver clásicas— que puede escanear tridimensionalmente el mundo que nos rodea mediante sensores que generan una nube de puntos en tiempo real y pintar, sobre esos cristales transparentes, la información del metaverso con luz (fotones guiados), lo que nos hará ver un metaverso que convive con el mundo real de forma mixta. El hecho de ser luz pintada sobre el mundo real nos permitirá, además, llevar las gafas durante muchas horas.

Este tipo de metaverso nos traerá la posibilidad de «tener» en casa como mascota un dinosaurio, entrenar con un famoso o realizar videollamadas presenciales al más puro estilo *Star Wars*.

Se prevé que esta tecnología sustituya al móvil en menos de diez años; de hecho, es donde hoy Apple tiene puesto el foco ya que pretende que su visor —todavía pendiente de ser lanzado al mercado— sustituya al exitoso iPhone, cuyo formato ya muestra síntomas de agotamiento.

Si buscamos otro símil sencillo, lo encontramos en la película *¿Quién engañó a Roger Rabbit?,* en la que los humanos viven en el mundo real, donde conviven con dibujos animados de forma presencial e interactúan en el plano físico.

3. **Web3D (inmersión al 10 %).** Es lo que denominamos *tecnología de transición* o *protometaversos* y está destinada a usuarios que aún no disponen de visores virtuales o mixtos. Se basa en mostrar el metaverso en una versión de pantalla clásica de PC, móvil o *tablet* mediante un lenguaje de programación y visualización 3D llamado *Web Graphics Library (WebGL)* que permite mostrar gráficos increíbles

en el navegador similares a los de cualquier videojuego. Este protometaverso tiene importantes limitaciones de interacción, inmersión o experiencia ya que sigue utilizando un formato del Internet anterior: un navegador dentro de una pantalla plana a golpe de clic.

Como formato para ir transicionando hacia un metaverso 100 % virtual es válido, al igual que las primeras páginas de Internet traían apenas información en texto y luego fueron evolucionando con fotos o vídeos. Por tanto, es un formato necesario, pero no definitivo.

Pilares del metaverso

El tremendo éxito de adopción que ha tenido el nuevo paradigma una vez que saltó la palabra *metaverso* a los medios de comunicación con el anuncio de la transformación de Facebook en Meta se debe a que los mundos virtuales se basan en principios muy humanos:

- **Identidad.** Es el primero de estos principios. Dentro de este nuevo mundo cada persona tendrá una apariencia, un rol y una personalidad que pueden ser parecidos a los de la realidad o inventados. Podremos ser desde un aventurero intergaláctico hasta una seta con ojos al estilo Disney. Es un mundo libre donde definiremos nuestro «nuevo yo». De hecho, en cada metaverso podremos tener un rol diferente (p. ej., en uno ambientado en la Segunda Guerra Mundial seremos un coronel y en otro, nos convertiremos en un alumno de universidad que asiste a sus clases virtuales), aunque creo que al final elegiremos una sola identidad, que será la que más utilicemos, y ese *alter ego* será el que nos defina.
- **Exploración.** Entraremos en un mundo virtual donde podremos recorrer cada casa, cada ciudad, cada mundo, cada universo, etc. Siempre habrá un horizonte nuevo al que dirigirse. Y esto encaja perfectamente con la condición humana

de pensar siempre en el ¿qué hay más allá? y ¿qué hay más allá del más allá? En el metaverso no habrá límite para la exploración y el conocimiento. Al no haber leyes físicas, los lugares que iremos encontrando nos sorprenderán y siempre querremos viajar al siguiente metaverso. Es una oportunidad para recorrer los sueños de otras personas, los creadores, e interpretarlos según nuestra propia experiencia; y también, por supuesto, una invitación a crear nuestra propia ilusión.

- **Pertenencia al grupo.** En cada metaverso nos encontraremos en un mundo con una historia que está ocurriendo en tiempo real, desde una guerra intergaláctica hasta un hecho histórico. Nuestra elección será pertenecer a un bando, a otro o ser meros observadores pero, una vez que entremos en la historia, ya seremos parte de ella. Nos adentraremos en sus personajes, en sus familias y en lo que se considera el trasfondo *(lore)* del lugar. Una vez atrapados por este trasfondo, ya seremos un habitante más de ese lugar y perteneceremos a él. Lograremos misiones y, gracias al trabajo en equipo, avanzaremos en la historia junto a otros jugadores. Este sentimiento de colectividad nos persigue desde las primeras tribus. El ser humano necesita al prójimo para dar sentido a su propia existencia, y aquí, en el metaverso, este sentimiento será amplificado a nuevas cotas de la imaginación, más allá de lo que en la vida real podamos jamás llegar a alcanzar.

En 2021 Disney anunció la construcción de su propio metaverso basado en sus grandes propiedades intelectuales *(Intellectual Properties [IP])*, como Star Wars o Marvel. Imagina por un momento ser un *jedi* que vive oculto en uno de los planetas del imperio y que tienes la misión, junto con tus amigos, de infiltrarte en una base enemiga. Ese sentimiento de pertenencia, de hermandad, es al que me refiero, y será uno de los principales pilares del nuevo metaverso.

- **Experimentación.** Dentro de este mundo, y una vez que hayamos creado nuestro personaje, lo exploraremos y socializaremos. Comenzaremos la experimentación y las vivencias, las actividades que hacen del metaverso un entorno vivo, alejado del sencillo clic del viejo formato web. Aquí podremos, realmente, vivir experiencias muy cercanas a la realidad. Los dispositivos virtuales ya nos ofrecen una interacción con manos, cabeza y cuerpo que nos lleva a poder conducir coches, volar, bucear, pelear o incluso andar en estos mundos virtuales del metaverso. Piensa por un momento en lo que seremos capaces de sentir en diez años cuando podamos añadir a estas experiencias sentidos como el tacto o el olfato, o cuando la visión del metaverso tenga la resolución del ojo humano. Todo ello hará que el contenido sea casi real para nuestro cerebro.

- **Propiedad.** Es el último pilar fundamental del metaverso y el más extendido en el mundo en el que vivimos, el que mueve mercados y el que incluso ha provocado el auge y la caída de imperios.

Uno de los aspectos más interesantes del metaverso es que no solo poseemos un avatar asociado a nuestra persona, sino que podemos tener desde tierras virtuales hasta una casa, un coche, una nave espacial o ropa. Hoy estas pertenencias solamente están disponibles en cada metaverso de forma aislada, pero ya se está trabajando para que podamos llevar de uno a otro esas propiedades, como si fueran bienes reales, gracias a la tecnología *blockchain*. Estas pertenencias nos acompañan, nos representan y definen nuestro poder adquisitivo o el rol que queremos tener dentro de este nuevo mundo.

Se trata de un sentimiento de poder, riqueza y prestigio muy arraigado en el ser humano que, como no podía ser de otra forma, también resulta un motor de facturación inmenso en los primeros días del metaverso, que ya mueve en la actualidad miles de millones de dólares en transacciones con dinero fiat (dinero fiduciario cuya principal característica es el respaldo gubernamental) y otros tantos en criptomonedas. Sin duda, la posesión de ítems virtuales ha despertado un nuevo tipo de coleccionismo en los exploradores de metaversos que parece no tener fin.

Pero todo este mundo, este nuevo Internet 3D que se despliega de forma abrumadora y que parece carecer de final, tuvo un inicio de lo más humilde, asombroso e inesperado. Está siendo un proceso fascinante que he tenido la suerte de vivir en primera persona y en el que llevo inmerso desde 2013 y hasta hoy. Son nueve años intensos y frenéticos de lo que considero los primeros días *(early days)* del metaverso.

Hubo un día 0 que marcó el inicio de una generación de aventureros, diseñadores, programadores, ingenieros, empresarios, filósofos o visionarios, quienes creyeron ciegamente en todo este nuevo mundo y arriesgaron más de lo que cabe imaginar. Juntos creamos un ecosistema desde la nada que ahora se despliega como un ave fénix y resurge entre las llamas de la tecnología para concebir un nuevo medio. Se trata de un nuevo universo de creatividad, contenidos y nuevas tecnologías que ha surgido entre auténticas aventuras, dignas de una *road movie* estadounidense de esas en las que la historia nos tiene reservado un aprendizaje de superación en cada parada del viaje para llegar al gran colofón.

A lo largo de estas páginas recorreremos aquellos años, conoceremos a los protagonistas del proceso y nos recrearemos entre las bambalinas de la construcción del metaverso tanto en España como en el resto del mundo con datos pocas veces contados en los medios. También hablaremos sobre lo que supuso la creación de nuestra organización, Virtual Voyagers, años después —toda una *anomalía* del sistema empresarial, como solemos denominarla—, que arrancó de la forma más anárquica posible, sin plan ni objetivos más allá de los siguientes tres meses.

Hoy echamos la vista atrás y nos sentimos orgullosos de haber lanzado más de 230 proyectos para clientes que fueron llegando gracias al boca-oreja de que «algo grande» estaba construyéndose. Hemos tenido el honor de trabajar para grandísimas marcas, como Disney, Telefónica, IKEA, Vodafone, Mastercard, Meta y un largo y notorio etcétera. Hemos visitado más de treinta países y recibido más de treinta premios y reconocimientos (*Forbes,* Meta, Instituto Choiseul, etc.), pero sobre todo hemos vivido innumerables aventuras, más propias de una banda de rock en sus años locos que de una empresa o una *startup* al uso.

Este periplo nos ha llevado a desiertos, selvas, lujosas ciudades, mundos radiactivos, peligros y reuniones de lo más bizarros y locos; un viaje al éxito, al fracaso, a la locura, a la exposición mediática o a la felicidad personal. Todo para ir dando forma a la nueva manera de entender el mundo que se avecina, algo muy diferente que sentíamos que venía a poner punto final a la época digital previa; un fenómeno que partía con nuevas reglas que teníamos que definir sobre la marcha. Estábamos ante el génesis de una gran transformación con consecuencias de magnitud inimaginable y, si sobrevivíamos a todo aquello, tendríamos que contarlo en un libro: este libro.

Pero como bien me dijo en su día la periodista española Mar Abad tras una entrevista de 3 h en nuestros primeros años, cuando todo estaba aún por hacer y que terminó en un bar a la 1 h de la mañana: «Nada viene solo, todo tiene un antecedente en nuestra infancia que desata algo en el futuro». Y este viaje personal también tiene sus precedentes, que serán desentrañados en estas páginas. Y creo que resulta imprescindible contar estos antecedentes para trasladarte todo lo aprendido en los extremos de la vida, y que además constituyen un buen ejemplo de cómo con entusiasmo, visión positiva y mucho trabajo se puede llegar al tan anhelado autoconocimiento y posterior crecimiento ilimitado.

Creo firmemente que cada persona tiene un patrón, algo casi matemático e irrepetible que le hace especial y único. Muchas veces se trata de una habilidad profesional y, tras estudiar una carrera, se desarrolla ese talento oculto. Pero muchas otras es algo que se relaciona con el aspecto más íntimo y personal y que, una vez que lo encontramos y aceptamos, con sus luces y sombras, hace que el mundo empiece a girar de forma mágica. Todo empieza a fluir de un modo muy distinto a lo que llamamos *normalidad.*

Yo he tenido la gran suerte de vivir todo esto, de hallar mi fórmula y de tener la oportunidad de aplicarla en esta época dorada de los «primeros días» del metaverso en su máxima expresión, sin filtro, con toda la libertad que da un nuevo sector sin normas. He llegado derrapando a casa con el corazón a punto de salir de la emoción por ser testigo y protagonista de lo que estaba pasando y el mundo aún no sabía. Teníamos entre manos un fenómeno revolucionario que ahora ya cuenta con nombre: se llama *metaverso* y supone el nacimiento del nuevo Internet 3D que estamos construyendo. Estuvimos allí y ahora nos toca surfear la gran ola.

Una nueva dimensión hará que vivamos experiencias increíbles en lugares de ensueño hasta ahora reservados a la imaginación nunca antes explorados; el descubrimiento de un nuevo mundo que viene cociéndose a fuego lento en el caldero de nuestro ideario colectivo desde hace miles y miles de años, desde la época de esas cavernas con pinturas en las paredes rocosas que ya nos querían trasladar al lugar de la acción, al momento de la caza de un bisonte; realidades alternativas como las que el Bosco nos ofreció mediante su obra «inmersiva» llena de detalles; un universo de posibilidades que, gracias a la tecnología del siglo XXI, por fin hemos conquistado. Ha llegado la tan ansiada ocasión para dar el salto dentro de nuestros sueños y poder vivirlos y disfrutarlos sin límite de tiempo ni de espacio.

Bienvenidos a un viaje más allá de la realidad, bienvenidos al metaverso.

_ 1. EL MIEDO _

■■ «El miedo: el sentimiento que nos paraliza y nos mueve». ■■

■■■■ En el precipicio es cuando el cerebro se activa; es un superviviente nato y tiene la sabiduría de millones de años sobreponiéndose a la adversidad.

«Oigo el ruido de patas moviéndose velozmente dentro de las paredes. Están por todos lados, me rodean. Calma, Edgar, duérmete, la mañana llegará y no habrá pasado nada. ¡Pero la noche volverá!, y estarán otra vez allí. Tengo miedo, mucho miedo».

La realidad virtual llegó a mi mundo de la forma más inesperada, pero no se trataba de la que conocemos ahora, digital, inmersiva y basada en tecnologías increíbles; la realidad virtual que tuve que aplicar en mi mundo infantil era mucho más primaria: la de la imaginación que dibuja un mundo casi real, la que nos permite añadir una capa de fantasía al mundo para hacerlo más amable y poder sobrevivir; simplemente eso, evitar caer en el agujero negro que empieza a rodearte.

Estamos a principios de la década de 1980 en un barrio de reciente creación cerca de Toledo, un lugar proyectado como un polígono industrial con viviendas de trabajadores al estilo soviético de la época. Alrededor, un gran páramo de decenas de kilómetros donde apenas hay nada; solo escombros, carreteras a medio acabar, poblados itinerantes de chabolas en remolques y montañas, muchas montañas, pero no de tierra y roca.

Las montañas eran vertederos improvisados que crecían día a día. En aquella época no había control ecológico y una empresa, cuando tenía material sobrante, simplemente lo llevaba a un descampado y lo vertía allí: sustancias químicas de miles de colores que formaban enormes lagos, televisores apilados por decenas de una tirada fallida de la cadena de producción que habían explotado al caer, escombros descontrolados de una obra de la zona o grandes bloques de hormigón, amianto en sacos que terminaban esparcidos por el suelo y hierros, muchos hierros; un auténtico caos que dibujaba un paisaje desolador.

Construcción del barrio de las Malvinas, Toledo (1981).
Autor desconocido.

Los bloques de viviendas eran como enjambres, cientos de pisos agrupados en bloques: el A, el B, el C, cada uno con su propio nivel de peligrosidad que, determinado por sus habitantes, indicaba a cuál te podías acercar más. Cada bloque tenía un patio interior, muchos portales y unos pocos columpios. Los portales, morada de yonquis, eran el lugar más peligroso. Allí se inyectaban droga a la vista de nosotros, los niños, pero generalmente estaban tranquilos, como dormidos, y solo alzaban la mirada cuando pasabas corriendo para llegar a casa y tocar el timbre a toda velocidad.

Eran solo unos segundos, los suficientes para desaparecer de su vista y que no hubiera problemas. No pisar ninguna jeringuilla sobrante, que eran como minas esparcidas por el parque, era la única norma. Otros portales estaban libres y eran seguros. Esos me gustaban porque permanecían como el primer día con los ladrillos naranjas estilo colegio, pero el techo era diferente y estaba lleno de cigarros apagados, que colgaban como estalactitas. Eran nuestras cuevas seguras.

Una vez que salías de los bloques, estaba el gran paseo, que unía como una espina dorsal todo el barrio. Se trataba de una gran avenida de hormigón y ladrillos, con un largo y estrecho canal de agua que recorría todos los edificios en forma de río, y en cada cruce se situaba un pilón. Los pilones eran fuentes enormes que solo recuerdo haber visto funcionar durante apenas unos meses, cuando tenía unos tres años y empezamos a vivir allí. Al tiempo, el agua empezó a quedarse empantanada y cambió de azul piscina a verde; luego fue llegando la basura, que iba acumulándose en bolsas que la gente tiraba sin miramiento alguno, incluso desde los balcones, y se iba pudriendo al sol mientras generaba una capa que apenas dejaba ver ya ese agua verde y, por supuesto, ni rastro del azul piscina del primer día.

Los pilones describían perfectamente el deterioro de todo, cómo la podredumbre y el abandono de la época se iba extendiendo por el barrio, hasta tal punto que recuerdo perfectamente una escena, con la que aún sueño, en la que un amigo me dijo: «Ey, Edgar, ven, que vas a ver una cosa que hay en el pilón». Extendió un palo y elevó medio metro una perra muerta con cuatro crías que colgaban aún del cordón umbilical. Se había detenido su tiempo. Alguien los arrojó allí en el momento de parir para que murieran todos. Todo esto te rodeaba. Era dolor y caos; un agujero negro que poco a poco te iba engullendo.

Tenía vecinos por todos los lados; de hecho, eran casi de la familia porque se escuchaba absolutamente todo. Las paredes eran de papel en estas minicasas de apenas 60 m². Alguno era buena gente y te saludaba o ayudaba, como ocurría en las series estadounidenses de la tele.

Pero luego estaba el vecino de abajo, que era especial, un monstruo real. Se trataba de un militar que todos los días llegaba dando gritos y comenzaba a maltratar a golpes a toda su familia, mujer e hijas, quienes habían perdido el habla. Apenas se comunicaban en el colegio. Todos los días a la hora de la comida aparecía el hombre por la puerta, daba gritos y empezaban el caos, las palizas y los lloros. Mi madre y yo dábamos golpes con las escobas en el suelo y parecía que el hombre se calmaba porque notaba que tenía testigos acechándolo y se salvaba la situación durante unas horas. Daba lo mismo la Policía, que apenas se acercaba por allí. Aquello era como la guerra; de hecho, se apodó así, como una sangrienta guerra: el barrio de las Malvinas.

Cuando llegaba la noche venía lo peor: las ratas. Debido a la cantidad de basura que había en las calles, todo estaba infectado de ratas enormes. Parecían gatos. Las veías cruzar las calles, salir de los pilones saltando las bolsas de basura... Pero pronto aprendieron que las paredes medio huecas eran caminos para subir a las casas. Y así se desató la plaga en los hogares.

La escena se repetía todas las noches: estabas en la cama, oías alguna bronca de fondo, la televisión de un vecino, y de repente todo iba entrando en silencio, un silencio siniestro. Y en ese momento comenzaban los ruidos de patas corriendo, que escuchabas por todas partes. Las ratas iban buscando un hueco por el que entrar para buscar comida mientras el terror se abría paso. Te paralizaba, no podías ni hablar. Tac tac tac tac tac. Pero lo peor aún estaba por llegar.

De vez en cuando el ruido pasaba a ser diferente, era como un rascar de manitas: la rata ya había decidido pasar y empezaba a hacer un agujero. Cuando lo conseguía, se oía el chillido muy cerca, el correteo sonaba ya por toda la habitación. Era el momento de gritar y pedir auxilio. La rata salía corriendo y al día siguiente se tapaba ese agujero; pero volvían, siempre volvían. Podían estar en cualquier lugar, siempre observando con sus diminutos ojos. Sientes miedo, mucho miedo, que te paraliza y se queda grabado de por vida. Había que hacer algo.

Las calles del barrio. Autor desconocido.

Mi familia llegó allí por una historia bastante peculiar. Mi padre era un profesor de matemáticas que venía de un entorno muy humilde. Se fue a malvivir a Madrid para intentar buscarse un futuro mejor y terminó en unas casas medio derruidas del barrio del Pilar. Era esa época de *hippies,* movida madrileña, manifestaciones y reuniones clandestinas; una España de barrios pobres, delincuencia y droga, en claro contraste con clases altas muy adineradas que provenían de la anterior dictadura y lo controlaban todo.

Mi madre venía de ese otro mundo: el adinerado, el poderoso. Procedía de una familia con historia larga y reconocida, con muchas propiedades repartidas por toda España, e incluso contaba con un linaje de pasado glorioso en el que varios de sus integrantes habían estado entre los últimos de Filipinas que aparecían en los libros. En su familia los títulos se mezclaban con importantes cargos en el entorno militar.

Un día el destino cruzó sus vidas y se enamoraron, hecho que no fue aceptado por la familia de mi madre, con el resultado del abandono, por definirlo de una forma sutil. Encontraron un barrio nuevo que estaba creándose en Toledo y allí se mudaron. Todo sonaba bien sobre el papel: empleo, familias y terrenos nuevos donde iba a construirse un gran barrio que ya había iniciado la construcción de altísimas torres y con una proyección para acoger a cientos de miles de habitantes en apenas diez años. Pero llegó la depresión de finales de la década de 1970 y todo se truncó, se paró.

Cuando tu mundo va cayendo a ese agujero negro, todo va en paralelo. No solo eres tú; es tu entorno. Tengo pocos recuerdos de aquella época; es como si el cerebro borrase casi todo para mantenerse a salvo. En el precipicio es cuando el cerebro se activa; se trata de un superviviente nato y tiene la sabiduría de millones de años sobreponiéndose a la adversidad.

Un buen día apareció Javi. Era un chico de mi edad cuyo padre, guardia de seguridad, había sido destinado a Toledo. Venía de un entorno más normal, de una ciudad dormitorio de Madrid. Cuando le conocí, lo primero que me dijo fue: «Esto es un estercolero, no es normal». Discutí con él por ese motivo. Yo le decía que era un lugar como cualquier otro, que la mayoría de gente vivía así, pero quiso demostrarme en directo que estaba equivocado y me pidió el monopatín.

Lo colocó a unos escasos 20 m y tardó en ser robado apenas 1 min por un pandillero que pasó corriendo al ver que lo dejábamos solo. Lo perseguimos en una carrera, pero ya era tarde; decía que el monopatín le pertenecía desde siempre, que era un regalo que le habían hecho hacía poco. Le explicamos cada una de las pegatinas que tenía puesto el monopatín, pero nada, no había nada que hacer.

Al día siguiente nos fuimos al páramo, ese mundo enorme que se extendía en todo el horizonte, lleno de residuos, montañas de basura de las fábricas y alcantarillas abiertas preparadas para nuevos sectores de viviendas. Nunca había estado allí; solo de pasada cuando íbamos en coche y veía su gran dimensión.

—Vamos a jugar —dijo Javi—.

—¿Pero a qué si aquí no hay nada? —pregunté yo—.

—Con la imaginación —me respondió—. Es fácil; solo tienes que imaginarlo y llegarás a verlo delante de ti.

Aquel día todo cambió para mí. De repente, ese mundo desolado ya no era real. Íbamos creando un relato fantástico de aventuras basado en las películas que veíamos en la televisión. Las montañas de basura pasaban a ser trincheras de una guerra, las lavadoras rotas eran naves espaciales que amontonábamos para librar auténticas batallas, las alcantarillas eran guaridas secretas en las que teníamos nuestra base de operaciones y los cactus —había miles— eran las explosiones de los disparos de las naves que nos rodeaban, y teníamos que evitarlos mientras nos lanzábamos por terraplenes con inventos hechos de palets y ruedas. Volábamos con nuestra imaginación por lagos de colores químicos y escombros. Aquello se había transformado y ahora era un entorno positivo y rico en diversión, un parque temático que solo existía por las tardes.

Poco a poco esa realidad virtual con la que el cerebro estaba transformando el mundo que nos rodeaba empezó a funcionar. Los yonquis eran zombis que teníamos que evitar. Guionizábamos nuevas aventuras y las pintábamos en papel.

Hacíamos planos, *story boards* como veíamos en los *making of* de películas ochenteras, como *Los Goonies, Exploradores* o *La historia interminable*. Poco a poco esa soledad fue desapareciendo. Otros niños vieron que lo que estábamos creando en aquel páramo de las mil aventuras era grande, épico... y se apuntaban. La pandilla virtual fue creciendo, nos imaginábamos un mundo mejor y olvidábamos los malos momentos que veíamos en nuestro día a día.

Había amigos que sufrían palizas e incluso acoso escolar, pero en nuestro mundo virtual estábamos a salvo. Éramos héroes salvando a la humanidad, estrellas de rock o grandes exploradores espaciales. Lo veíamos de verdad; la imaginación hacía que todo fuera casi real. Creíamos en ello.

Mi mundo a veces discurría en este entorno de pobreza y en el opuesto a la vez. Las visitas que hacíamos a mis abuelos (muy adinerados) eran una inmersión social radicalmente diferente a mi vida diaria. De repente, mis amigos de fin de semana o de vacaciones eran gente de alta alcurnia. Iban a colegios alemanes y tenían una exquisita educación, jugaban al *rugby* en un colegio mayor o tenían sus casas en el barrio de Salamanca de Madrid.

A veces dormía en palacetes con camas del siglo XIX, rodeado de grandes doseles, en habitaciones más grandes que el piso donde vivía; asistía a fiestas de cumpleaños en clubes militares de alto rango, donde había piscinas en cascada y podía pedir una Coca-Cola a un camarero ¡y me la llevaba a mi tumbona! Eso era lo más. Aquello era otro nivel. Cuando lo explicaba en clase nadie me creía. Había un mundo allí en el que todo era muy distinto, mientras que en el mundo pobre todo era sobrevivir y aplicar esa capa de imaginación para no caer. Pero allí la cosa era diferente. La gente sonreía, había felicidad aparente. Todos tenían el pelo muy bien cuidado, olían bien y no se veía ni un ápice de tristeza o de problemas, al menos en apariencia. Años más tarde descubrí que ese mundo es, tal vez, todavía peor que el del barrio.

La capacidad de integración era algo importante. Pese a mis pocos años sabía que la adaptabilidad a cada entorno resultaba esencial. En el mundo pobre todo era tener alianzas, y ese niño con miedo y aislado empezó a crear estrategias. Tenía amigos, una banda, influencia e imaginación. Poco a poco fui haciendo una red y llegué hasta uno de los líderes.

Había un chaval fuerte, corpulento para su edad, que se consideraba el jefe del bloque. Un buen día le hice un invento en su bici para que sonara como una moto gracias a una carta de una baraja, una pinza y unos alambres. El jefe miró a todos y dijo con orgullo: «Este chaval tiene ingenio, no se le toca ya». De repente, toda la pandilla peligrosa aceptó el mensaje y pasé a estar protegido por el grupo. Tal vez la capacidad social, la habilidad para agradar y el uso de la inteligencia emocional hicieran que pudiera cambiar mi entorno. Lo anoté.

Por el contrario, en el mundo rico la adaptación era diferente. Allí tenías que aprender unas normas, un rol social, un comportamiento en la mesa o una forma de hablar. No tenían cabida las palabrotas y tus planes de futuro se tenían en cuenta. Debían ser grandes y ambiciosos. Si cumplías esos requisitos, te aceptaban y eras parte de todo el ecosistema, siempre que no supieran de dónde venías realmente. Mi plan era ser director de cine, como Spielberg, nada más y nada menos.

De vez en cuando, el salvaje del barrio pobre salía a relucir y esos niños ricos vivían una aventura loca que se quedaba grabada de por vida en sus memorias (muchos aún me lo recuerdan). En una de las comuniones a las que fuimos invitados mi hermana y yo, como nos aburríamos sin hacer nada en la mesa, les dije a todos los niños:

—¡Ey, vamos a explorar el club social!

—No podemos —me respondieron—; esto es un recinto cerrado y se pueden enterar nuestros padres.

Vi un hueco en una valla y exclamé:

—¡Por allí! ¡Rápido!

Todos me siguieron, vestidos de traje con corbata, a sabiendas de que estaban saltándose todos los protocolos y normas. Empezamos a ir por campos de tenis, picaderos de caballos pura sangre y edificios enormes con salones de baile y, finalmente, llegamos al gimnasio. Sacamos todas las camas elásticas que estaban guardadas en su almacén y las pusimos en medio de un campo de fútbol. Comenzamos a saltar todos como locos, quitándonos las corbatas y las camisetas y disfrutando como niños. No había normas; esto era nuevo para ellos.

Al rato apareció un guarda de seguridad. Llevaban buscándonos horas por el recinto y la bronca fue tremenda, pero aquel momento de libertad e imaginación que vivieron fue tal vez su realidad virtual, su escape al entorno de control en el que vivían, impuesto por ese mundo de normalidad aparente.

Pasaron los años entre esos dos mundos y el ejercicio de supervivencia en el barrio los días de diario solo se veía interrumpido por esas incursiones en el mundo rico algunos fines de semana.

Un día llegó a casa un ordenador: un Spectrum ZX. Mi padre, aunque era matemático, empezó a estudiar informática. Un nuevo mundo digital se avecinaba como una gran ola. A los pocos años fue contratado como uno de los primeros informáticos que trabajaron para la Administración pública.

Todo cambió de repente. El dinero ya entraba de forma más holgada y pudimos cambiar de barrio a otro con chalets, parques y vecinos que riegan las plantas mientras te saludan; algo más parecido a la supuesta normalidad de las películas estadounidenses que veíamos en la tele.

Y así llegó el momento de despedida de mi gran amigo Javi. Habíamos sobrevivido, lo habíamos conseguido. Él también se mudaba a otra casa. Gracias a aquella enseñanza que me ofreció, la capacidad de crear una capa virtual, casi real, con el cerebro, pude sobrellevar ese entorno tan duro. La lección estaba aprendida y nos hacíamos ya más mayores. Hasta siempre, Javi, gracias por todo.

Con los años me enteré de que otros amigos no corrieron la misma suerte: algunos murieron por la droga y otros no pudieron salir de aquel entorno, se quedaron atrapados allí para siempre. Pero la gran mayoría sí pudieron sobreponerse. Ahora los veo por la calle y nos saludamos como antiguos combatientes de una guerra, la de las Malvinas.

El miedo desapareció. Vencí a las ratas. Ya era otra persona, más fuerte, más preparada... Y lo sentía dentro.

Oficinas de Tuenti. Año 2014

Me dirijo al departamento de Recursos Humanos de Tuenti, una red social de gran éxito en España reconvertida en un operador de telecomunicaciones tras su compra por Telefónica. Estamos en la 6.ª planta de Gran Vía n.º 28, en el mítico edificio de Telefónica en Madrid. A nuestro alrededor hay salas con futbolines, despachos al estilo Silicon Valley y cientos de ingenieros que van pasando a mi lado mientras avanzo por los pasillos.

El miedo viene, está ahí, como siempre, pero ahora ese sentimiento es conocido y lo controlo totalmente. Sé que mi intuición no miente, algo está pasando y hay que enfrentarse a ello. Entro por la puerta y suelto la frase: «Me voy, voy a surfear una de las olas más grandes de la tecnología. No puedo perdérmela».

Ante mí, de repente, se abría un futuro incierto. No sabía qué pasaría en un mes, si tendría ingresos o si mi intuición estaría equivocada, pero ese niño interior decía que sí, que el miedo no existía y que era hora de ir hacia adelante. Todo saldría bien. Entraría en una ola, la ola virtual, la que crearía los cimientos del metaverso, aunque aún no era consciente de ello.

Todo empezó en 2013. Buscando novedades por Internet, foros, etc., me topé con un *post* en el que hablaban de unas gafas virtuales llamadas Oculus Rift. Eran casi mágicas. Un tal Palmer Luckey había creado un prototipo que estaba revolucionando todo, a la vista de las reacciones de los que lo habían probado. «Te lleva a otro mundo», decían por todos lados.

Seguí buscando, vi vídeos donde había gente que se ponía esas gafas virtuales y tras quitárselas lanzaba un tremendo ¡*wow!* a la cámara. Incluso algún presentador de televisión se quedaba en *shock* ante lo que había visto a través de esas lentes fabulosas. «Esa cara no miente, están viendo otro mundo; yo quiero experimentar eso», me dije.

Pagué los 300 dólares que costaba financiar el prototipo. A cambio recibiría, presumiblemente, una unidad en mi casa. Podía tardar meses en llegar, pero la apuesta era de poco dinero y me aventuré a ello. Algo dentro de mí decía: «Aquí hay "chicha", esto no es como cuando compras un ordenador de una marca conocida en una tienda. Tiene emoción y está ocurriendo por foros independientes».

Meses después llamaron a la puerta: era el repartidor con un paquete desde California. Ahí estaban las famosas Oculus Rift. Abrí la caja de inmediato y, ¡sorpresa!, había una carta firmada por el propio Luckey en la que describía un mundo extraordinario que años después se convertiría en realidad. Estábamos en el día 0 del metaverso.

«Estimado desarrollador:

¡Bienvenido a la comunidad de desarrolladores de Oculus Rift!

Oculus se fundó con el objetivo de crear el tipo de tecnología de realidad virtual increíble que hemos estado viendo en la ciencia ficción desde que éramos niños.

Hoy te unes a miles de otros desarrolladores de Oculus que construyen la próxima generación de juegos de realidad virtual. No podemos esperar a ver qué ideas se te ocurren.

Todo el *software* que necesitas para comenzar está disponible en el Centro para desarrolladores de Oculus. El Centro de desarrolladores también tiene *demos,* documentación y foros donde puedes compartir y colaborar con otros desarrolladores.

Este es el día 0 para la realidad virtual; el punto inicial donde todo comienza.

Este kit de desarrollador es solo el primer paso. El hardware y el software pueden mejorar y mejorarán drásticamente con tu ayuda.

Realmente creemos que la realidad virtual tiene el potencial de cambiar el mundo.

Gracias de nuevo por ser parte de esta revolución.

¡Nos vemos dentro!

Palmer y el equipo de Oculus».

Primer prototipo del famoso modelo DK1 de Oculus nada más llegar a casa.

Saqué las gafas; olían a pegamento, se notaba que estaban ensambladas a mano. Descargué el *driver* de su página web para hacerlas funcionar y unas cuantas *demos* para probarlas. «Vamos a ver qué es esto», me dije.

Las gafas pesaban poco, me apreté las cintas de velcro para ajustarlas y di doble clic sobre la primera *demo*. ¡Zas!, de repente, miré alrededor y todo iba sincronizado con mis movimientos de cabeza; allá donde miraba, ese mundo virtual se iba mostrando como en la realidad, de forma fluida. Estaba en un castillo medieval, subido en un vagón de una montaña rusa a punto de comenzar su recorrido. Lo primero que me sorprendió fue la sensación de presencia; el vagón parecía estar allí, debajo de mis pies, y si miraba a los laterales la altura era impresionante, unos 20 m sobre el nivel del suelo. Sentía el vértigo en mis carnes.

Comenzó a sonar el tac tac tac del vagón moviéndose por los carriles. A los pocos segundos vi una enorme caída en vertical, y ahí surgió la magia: mi cuerpo de forma instintiva se agarró a la silla y, al caer por la pendiente, sentí hasta un nudo en el estómago. Primera curva y mis manos se desplazaron hacia la izquierda para contrarrestar las fuerzas, que no existían en la realidad. Segunda curva y la misma sensación. Tras unos minutos, un enorme salto, en el que ya no pude contener un pequeño grito de emoción. Llegó el final del recorrido y me quité las gafas.

Me tumbé un segundo en la cama, totalmente en *shock* por lo vivido instantes antes. Mi cabeza no paraba de dar vueltas. Ese prototipo, de apenas 300 dólares, me había llevado a la experiencia digital más impresionante que había vivido en mi vida. Había sentido presencia, velocidad, vértigo, emoción e incluso aceleración, aunque sabía que todo había sido dibujado por el *software* 3D. Aquello era radical, algo nuevo, y tenía que mostrárselo al mundo.

Inmediatamente empecé a buscar más contenidos, pero no había. Apenas encontré un foro donde pocos desarrolladores estaban en mi misma situación, todos en una fiesta del *hype* más absoluto. Éramos pioneros en algo que sabíamos que iba a remover los cimientos del entretenimiento y estábamos deseosos de empezar a crear.

A los pocos días comencé a traer a gente al piso donde vivía en aquel momento, en pleno centro de Alcobendas, un municipio de la Comunidad de Madrid. Mientras trabajaba en Tuenti de día, por las tardes diseñadores, arquitectos, programadores y compañeros de trabajo iban probando aquel prototipo. Los gritos y las risas salían por las ventanas. La cara de todos tras probar las *demos* eran un poema. «Edgar, esto es lo más impresionante que he visto nunca, ¿por dónde empezamos?», me decían muchos.

La siguiente pregunta que me hice fue: ¿cómo puedo crear contenido? En los foros aparecía el nombre de un pequeño *software* para hacer videojuegos sencillos de móvil y PC: Unity. Noche tras noche fui aprendiendo a controlarlo de forma autodidacta, mientras en los foros se compartían avances respecto al diseño de mundos en las Oculus (*añade esta cámara por aquí, con esto irá más fluido el contenido*, etc.) o teorías sobre el futuro de esta tecnología. Aquellos eran los auténticos «primeros días», los inicios del ecosistema que, aunque luego fue creciendo, aún solo lo conformaban unos cientos de desarrolladores coordinados a nivel mundial.

La parte de creación de contenido iba tomando forma y conseguí integrar una columna egipcia y aparecer dentro de la realidad virtual para verla en todo su esplendor. Allí estaba; era enorme y, si me acercaba, podía ver las inscripciones con todo detalle. Fui ampliando la sala para convertirla en una habitación, que luego pasó a ser un palacio con un desierto alrededor. Había creado mi primer mundo virtual. Yo era un gran faraón que podía asomarse al balcón y ver su reino en el horizonte. Subí la *demo* Time Travelers a la tienda de Oculus y en pocos días ya tenía tres mil descargas, una locura. Esa sensación de llevar al usuario a otro mundo fue lo que más me atrajo. Podía crear cualquier ilusión con este *hardware*.

Mi primer mundo virtual, Time Travelers, con Oculus DK1.

Esta tecnología conectó de inmediato con aquel niño del barrio pobre que usaba su imaginación para interponer una capa virtual ante un mundo salvaje. Había nacido para este momento. Una tecnología me permitía ahora desplegar esas realidades alternativas sin límite; podía verlas en alta resolución, con color y sin tener que utilizar la mente. Se abría un mundo nuevo que cerraba un círculo vital de ilusión del que ya formaba parte desde hacía décadas.

En una de aquellas pruebas vi un error en el mundo virtual que no me dejaba avanzar. Cuando situaba algo a escala 1:1, notaba cierta pequeñez en dicho elemento, como si algo le pasara a la escala del mundo. Hice un experimento sencillo: repliqué la mesa de mi escritorio en el mundo virtual con las mismas medidas y, situándome en el centro, fui quitándome las Oculus para cotejar si el lugar que ocupaba la esquina real de la mesa se correspondía con la ubicación de la misma esquina en el mundo virtual. Así pude comprobar que había algo raro en la escala; calculé una distorsión de un 20 % aproximadamente.

Puse el experimento en Twitter y me fui a dormir. A la mañana siguiente ese tuit había generado un aluvión de respuestas por medio mundo. Había gente que también había visto esa distorsión y aportaba esquemas que explicaban por qué podía ser. Parecía algo relacionado con el juego óptica-*software*. Al día siguiente un ingeniero de Oculus me pidió el experimento para analizarlo con el equipo y corregirlo. Ese era el potencial de los «primeros días», la colaboración para construir algo colosal. Estábamos allí para eso.

Poco a poco la comunidad se fue organizando y Oculus Store ya disponía de cientos de experiencias de todo el mundo. Algunas eran tremendas y elevaban la calidad de lo que hasta entonces habíamos visto, como Titans of Space, un viaje en una nave espacial por el sistema solar en el que la escala de los planetas te dejaba helado. Aquello abría mil frentes: desde la formación hasta los viajes a mundos nuevos sin moverse de la silla. Era una época de efervescencia y experimentación en la comunidad.

También había videojuegos. Los preferidos en los foros eran los de terror, entre ellos Dreadhalls, de un español, Sergio Hidalgo, un genio que destaca por la sencillez de su propuesta: pasillos agobiantes, poca luz y sustos, muchos sustos. Era tan genial que se mantuvo años como uno de los contenidos más destacados de la tienda de Oculus.

Páginas como Real o Virtual (realovirtual.com), con Juanlo a la cabeza, nos mostraban en España todos esos contenidos que iban apareciendo. Juanlo era un murciano que probaba todas esas experiencias y compartía su opinión mediante su canal de YouTube. Era tanta su ilusión y su pasión por todo esto, que contagiaba al resto.

Todo se iba acelerando. Esto ya no era cosa de cuatro frikis internacionales. Se iba expandiendo y la gente hablaba y preguntaba sobre ello: «Hay unas gafas que te llevan a otro lugar y algunos las han probado». El boca-oreja se movía por todos lados. El poseedor de unas Oculus Rift era el rey de la fiesta.

Para intentar explicar todo esto, hice una presentación en PowerPoint sobre mi visión de lo que podría venir con estas tecnologías con la portada de la serie *La dimensión desconocida* como primera página y me lancé a dar charlas sobre ello. Primero fue en las oficinas de Tuenti, con los compañeros.

Las caras de todos eran de incredulidad y asombro, pero cuando llegaba el final, ese momento de «ahora vais a probarlo», todo se convertía en una fiesta y nadie quería salir de allí. Aparecían nuevos compañeros que oían los gritos por los pasillos y, al final, estábamos horas completas hasta que lo probaba el último de la fila. A veces podían ser treinta personas las que se sumaban. Esas charlas fueron extendiéndose a otros lugares, sobre todo a gente de diseño y experiencia de usuario (UX), que en aquel momento dominaban el sector digital como auténticos capos. Esto les descolocaba y hacía temblar sus cómodas sillas de las webs 1.0 y 2.0. Era divertido ver caer pilares inamovibles por una gafas de 300 dólares que parecían de juguete. Esto no estaba previsto por nadie. No tenía normas. No había reglas; por eso me encantaba. Pertenecía a ese otro mundo de la improvisación y la intuición pura.

Los experimentos iban haciéndose más complejos y había días en los que podían darme las 2 de la mañana y allí seguía yo probando cosas nuevas. Era adictivo, pero no había todavía ningún plan; solo aprender por si en algunos años esto pudiera serme útil. Pero, de repente, ocurrió algo inesperado que lo aceleró todo.

Estas gafas virtuales empezaron a llegar a los directores de grandes empresas de consumo, departamentos de marketing e innovación que habían oído sobre todo esto y se hicieron con un prototipo. Pronto comenzaron las llamadas para empezar a crear contenidos. Guiados por su intuición, muchas empresas querían ser también pioneras de un nuevo medio, y allí estábamos unos pocos en España que ya teníamos la capacidad creativa y técnica para lanzarnos. Pero faltaba una cosa: los equipos.

Mientras, iba recibiendo llamadas y asistía también a algunas reuniones con salas abarrotadas por media compañía —ya empezábamos a llamarlas *VR parties*— en las que se volvía a disparar la fascinación del «momento *demo*». Mi gran preocupación era doble: por una parte, formar a la gente ante la avalancha que podía venir en breve y, por otra, no dejar escapar ese momento cuando el entusiasmo estaba en lo más alto. Así, empecé a formar a un grupo de amigos que estaban ya por la labor de aprender y lanzarse a la aventura; solo faltaba ver en qué momento nos subiríamos a la ola. Ni antes ni después; tenía que ser en el momento justo, porque esa ola iba a llevarnos lejos. No había prisa.

Compañeros como Jota, Edu, María, Relajaelcoco (diseñadores) y muchos otros fueron pasando por hamburgueserías y cafeterías donde yo les mostraba este mundo. Alucinaban, intercambiábamos opiniones y, de este modo, fuimos trazando un plan de aprendizaje por cada sector: la consultoría, el diseño, el *hardware,* el 3D, el sonido o la guionización. Y, por fin, llegó el primer proyecto.

Una gran marca de vinos quería una experiencia virtual y Juan Carlos, un creativo publicitario muy visionario, me citó para comer y debatir sobre el posible proyecto para su cliente estrella. Se trataba de algo que aún no se había hecho: utilizar este nuevo medio para un anuncio de publicidad totalmente virtual y lanzarlo ante la prensa a lo grande en unos pocos meses.

En este momento el miedo volvió a aparecer. Todo lo que se dibujaba delante de mí era desconocido, un territorio lleno de incógnitas donde en unos segundos pasaba de la euforia a las dudas. Pero ya tenía un entrenamiento, había perdido el miedo muchos años atrás, y esta vez no iba a poder conmigo. Estaba decidido, ¿qué podía salir mal?, ¿que perdiera unos meses de mi carrera?, ¿que tuviera que vender cosas para recuperarme un tiempo mientras buscaba una alternativa? Hemos venido a la vida para jugar y la ola ya se veía en el horizonte.

Fui alternando media jornada en Tuenti y media jornada en la planta 8.ª del edificio de Telefónica gracias a Sebas Muriel, mi jefe, tal vez el mejor jefe que he tenido nunca. Él vio la evolución de la ola virtual que estaba investigando y me ofreció un plan para ir transicionando mi salida durante unos meses. Por la mañana ayudaba a traspasar los proyectos en Tuenti y por la tarde subía a la planta 8.ª, que aún estaba vacía, donde en unos meses iban a ubicar una nueva área de innovación llamada Open Future.

Allí tenía un ordenador y unas gafas, las Oculus DK2, el segundo prototipo de Oculus. Ahora había evolucionado y ya podía moverme 1 m dentro de la realidad virtual, todo un logro que cambiaba aún más las cosas ya que aumentaba la presencialidad en el metaverso.

Todo pasó muy rápido. Unos pocos colaboradores arrancamos estos proyectos iniciales. Inventábamos sobre la marcha la forma de guionizar en realidad virtual, diseñar, programar e incluso lanzar el producto al mercado con instalaciones físicas gracias a la importación de varias Oculus Rift desde California. Todo era una aventura que nos motivaba a un grupo de amigos. Pero todavía no había llegado la ola para todos; cada uno tenía que esperar pacientemente su momento para lanzarse a tiempo completo, cuando la ola para su área creciera de forma sostenible. Había riesgo, pero no podía ser para todos. Había que protegerse del entusiasmo y la exaltación inicial con calma y mente fría. El metaverso no se creaba en unos meses.

Al proyecto se fueron sumando más personas y empresas que veían la ola: Roberto Romero, Nicolás Alcalá, Asier Arranz, los hermanos Iralta, Juan Barambones, los hermanos Acosta, Macelo, Chechu de Valladolid y muchos otros pioneros, cada uno con su intrahistoria de descubrimiento del prototipo de las Oculus. Poco a poco fuimos quedando para contarnos los planes. Eran quedadas llenas de emoción. Nos llevábamos inventos y cacharros varios a cervecerías de la vieja escuela con tragaperras, que eran el lugar idóneo para tener mesas libres y quedar en un lugar céntrico de Madrid. No había tiempo de ir a un *coworking* del tipo postureo Silicon Valley. Esto era pura adrenalina y teníamos que compartir con rapidez toda la información que iba apareciendo en los foros y en los grupos de WhatsApp.

Los pioneros del metaverso en una de las quedadas.

Sin duda, estos meses fueron mágicos para mí. Se estaba creando un sector desde la nada. Personas de perfiles muy variados, algunos auténticos personajes de novela, iban apareciendo y compartían su visión de la ola, pero todos, absolutamente todos, sabíamos que algo grande estaba llegando y que era el momento de actuar.

Lanzamos nuestro primer proyecto creado por *freelances* en un evento con cientos de invitados, desde periodistas hasta empresarios. Nadie esperaba un viaje virtual en aquel momento. Creían que venían a un evento de presentación de la nueva imagen de Ramón Bilbao, una gran bodega de prestigio internacional.

Poco a poco fueron entrando en el recinto, iluminado por un color violeta. En el centro colocamos decenas de Oculus encima de barricas de vino huecas, donde metíamos los ordenadores para que no se vieran. Hicimos un despliegue enorme que logramos gracias al alquiler de los PC y de aún más Oculus que nuestros amigos Marcelo y Chechu disponían recién importadas de EE. UU.

Comenzó el espectáculo. Uno a uno fueron entrando, esta vez de forma virtual, en un mundo onírico, donde viajábamos en un gran barril con alas por campos de vides mientras globos aerostáticos de estilo *steampunk* sobrevolaban el terreno. Los pájaros eran tijeras que cortaban los racimos, atravesábamos túneles en los que unas enormes botas iban seleccionando las mejores uvas y, al fondo, una puerta se abría dando paso a la caverna, donde un río de vino nos sumergía para ver el proceso de la fermentación. Después llegaban las cascadas, donde todo se iba mezclando; íbamos cayendo por ellas hasta que llegaba un gran precipicio. Allí el río terminaba, pero un nuevo vehículo nos transportaba al bosque de los olores, un lugar en el que diversas sustancias nos rodeaban para adquirir el sabor final: la receta única de la marca.

Al fondo un gran convento abría sus puertas, y libros con siglos de historia sobre el tratamiento del vino nos envolvían y volaban como pájaros. La biblioteca tenía un gran rosetón hacia el que nos dirigíamos. Parecía que nos íbamos a estrellar y, de repente, se abrió para llevarnos al espacio donde barcos voladores transportaban el vino por todo el mundo. La esfera terrestre se veía a lo lejos y nos íbamos acercando a ella junto a estos barcos. Mientras, veíamos cómo un edificio al estilo de New York se iba aproximando; entonces nos introdujimos por una ventana y terminamos sentados en una mesa lujosa frente a un vino de la marca y una gran copa.

Tras quitarnos las gafas de realidad virtual, la experiencia terminaba con una copa delante del usuario haciendo el guiño a lo vivido dentro y disfrutando del producto real.

El éxito fue tal que, aparte de salir en todos los periódicos de la época —incluso medios internacionales recogían la noticia de que una empresa española había lanzado el primer anuncio publicitario virtual de la era Oculus—, la propia marca abrió un espacio fijo para que la gente pudiera disfrutar más allá de aquel evento de la experiencia, que terminó convirtiéndose en un reclamo de turismo permanente en la zona y que hizo posicionarse a la marca en los más altos niveles de innovación. Luego llegaron los premios y los eventos por toda España. Lo virtual funcionaba, llevaba a los consumidores a otro nivel de interacción con la marca, y el efecto *wow* era tremendo. Las caras de los asistentes así lo demostraban. Habíamos creado un monstruo que ya no pararía de crecer.

Evento de lanzamiento de Bodegas Ramón Bilbao con Realidad Virtual.

En aquellos tiempos Facebook compró la empresa Oculus por unos 2000 millones de dólares. También había visto la ola. Sabía que esto no era un simple *hardware* de un chaval de veinte años en una plataforma de *crowdfunding*. Esto abría un nuevo mundo, el mundo del metaverso.

▬ «Al igual que un cuadro trata de darnos un mensaje, en el metaverso el mensaje nos rodea y lo experiementamos en primera persona». ▬

Año 2035

El metaverso ya es una realidad, como lo fue Internet años después de su invención en un entorno militar y universitario. Ya está totalmente integrado en la sociedad tras más de una década de construcción.

Nosotros seguimos avanzando. Ahora trabajamos a nivel global, pero continuamos sin oficina. La oficina resta agilidad —ya lo sabíamos desde el principio—, y ahora se aplica a gran escala. Los trabajos ya no son algo rutinario que se hace en un horario; gracias al metaverso la gente puede tener su oficina virtual 100 % operativa en cualquier lugar del mundo.

Todo está al alcance de nuestra mano simplemente entrando en la puerta concreta del metaverso que lleva a ese lugar: la celebración de reuniones físico-virtuales donde se discute de arquitectura, ingeniería, negocio, etc., la asistencia a conferencias, la actualización de conocimientos en un ágora virtual donde se reúnen auténticos genios mundiales, etc.

Las ciudades hace tiempo que dejaron de ser el centro neurálgico de las grandes empresas, y estas se están moviendo a entornos más sostenibles e incluso rurales, como ya ocurría en países como Holanda. Las nuevas oficinas son lugares de *coworking* donde ocurren reuniones físicas, se establecen los objetivos del mes y luego cada empleado tiene libertad para residir donde le plazca. Esto ha hecho que los desplazamientos disminuyan, rebajando con ello el nivel de contaminación. Esa gran cúpula negra que había en ciudades como Madrid poco a poco ha ido desapareciendo.

Todo el equipo se reúne físicamente en la barbacoa de una de las casas estudio que tenemos en varios países. Seguimos contando batallitas de aquellos «primeros días» del metaverso. Estamos en 2035 y en estas décadas de aprendizaje en el metaverso he llegado a una conclusión:

La imaginación nos hace soñar con mundos y universos desde la época de las cavernas, siempre con el objetivo de superarnos, de vencer los miedos o las preocupaciones que nos rodean e ir más allá. Las pesadillas no dejan de ser un entrenamiento del cerebro para ser aún más fuertes al día siguiente. Es algo innato en nosotros.

El metaverso es una capa imaginaria controlada que podemos diseñar a nuestro antojo para enfocar esos aprendizajes allá donde queramos. Así como la visualización de un mundo más positivo e imaginativo me alejó del agujero negro del miedo en aquel pueblo de Toledo que se comía todo, este mundo nuevo da la oportunidad a todos de construir esas nuevas capas y de aplicar las enseñanzas adquiridas por miles de creadores a millones de usuarios. Igual que un cuadro intenta darnos un mensaje, en el metaverso el mensaje nos rodea y lo experimentamos en primera persona; sin duda, algo que nos hará mejores con el tiempo gracias a ese paso dentro del lienzo que hemos dado.

– 2. LAS OLAS –

▬ «Cuando algo grande comienza, una gran fuerza tratará de evitarlo para volver al punto de inicio y que nada se mueva, pero una inmensa contrafuerza hará que se eleve al infinito. Solo nosotros elegimos en qué parte queremos estar». ▬

■■■ Siempre fui una persona curiosa y he tenido prisa por aprender todo lo posible de lo que me llama la atención, sea lo que sea. Necesito comprenderlo, diseccionarlo y llegar a desarrollarlo por mí mismo, pero nací sin paciencia para hacerlo de la forma tradicional, que es esperar a que alguien te lo cuente o explique.

En 1984 mi clase era una especie de jungla donde se lanzaban tizas al profesor cuando miraba a la pizarra. Los niños apenas teníamos interés y el objetivo era volver al bloque cuanto antes para estar en la calle, previa pelea a la salida del cole.

Los profesores hacían lo posible para tratar de controlar aquello e impartían todas las lecciones que tocaba dentro de aquel curso de EGB como buenamente podían. Yo intentaba por todos los medios engancharme a algo que me interesase, pero era imposible: matemáticas, naturales, sociales... todas estas materias se mezclaban con el ruido de la clase y las peleas. Me centraba en entender lo que se explicaba y, sin apenas estudiar, aplicaba la lógica para salir del paso en los exámenes. Y funcionaba. Los nueves y dieces nunca faltaron. Pero era demasiado sencillo; parecía más un mero formalismo que había que cumplir, con unas preguntas que casi de forma obvia iban a caer en el examen, que un verdadero reto. Se trataba de cubrir los mínimos y, con un poco de astucia, eras de los mejores y te consideraban uno de los «empollones».

Una cosa importante que aprendí en aquel momento era el papel determinante que tenía una especie de línea común de aprendizaje mínima, una zona gris en la que, si todos estábamos alineados, nadie decía nada, ni los profesores ni los alumnos.

Un buen día uno de los profesores más majetes, un señor bastante mayor que creía en la figura del maestro cercano y amigo, comenzó a ver que me interesaban mucho los dinosaurios. Tenía decenas de dibujos que hacía en clase mientras explicaban la lección. Gozaba de la rara virtud de dibujar y escuchar a la vez, pero tenía que hacer ambas cosas, pues una sin la otra no funcionaba; todos mis libros parecían cómics con dinosaurios de todos los colores y formas en los bordes y en los huecos en blanco de cada hoja.

Este profesor —no recuerdo el nombre, pero era algo parecido a don Eladio— me pidió dar una charla a toda la clase sobre los dinosaurios. Exponer mis aprendizajes e intereses a todos... *¡Wow!*, ¡esto era nuevo! ¡Por fin algo que me interesaba de verdad!

Inmediatamente acepté el desafío y cada día me acercaba a la biblioteca para recopilar información, calcar ilustraciones, hacer fotocopias y crear una narrativa para mi exposición en clase. Lo más importante era decirles: «¡Colegas, hace millones de años había todo esto en el planeta y eran reales, estuvieron aquí durante muchísimo tiempo, con millones de formas y colores! ¿No es lo más impresionante del mundo?».

A las pocas semanas ya tenía mi proyecto terminado, había desarrollado una charla de 1 h de duración llena de contenido visual en hojas DIN A2 con líneas de evolución de cada tipo de dinosaurio; cuáles eran los más grandes o los más raros y, sobre todo, la teoría de que algunos evolucionaron a aves comunes, como el *Archaeopteryx*.

Sin darme cuenta había aprendido a autoformarme en lo que me interesaba, que realmente era la intención de don Eladio: que aprendiera todo aquello de manera autónoma creando mis propias metodologías y encontrara la motivación para dar el salto de la zona gris, salir de ella y volar. Algo vio en mí, y esto se extendió a otros profesores, ya que todos crearon una capa protectora para que pudiera volar alto en mi paso por la escuela. La motivación resultaba esencial y generaba una sensación placentera; ya no tenía que cubrir los mínimos, se valoraba mucho lo que pudiera aportar y los alumnos me respetaban.

Incluso este hecho fue el motor que me impulsó a crear mi primer negocio: cambiaba dibujos de dinosaurios a mis compañeros de colegio por juguetes, pegatinas de marcas, chucherías o piezas del monopatín.

Pero el gran cambio vino gracias a la informática en 1984 cuando mi padre trajo el Spectrum ZX. Como he contado, él era matemático y estaba aprendiendo esa nueva ola tecnológica en casa, formándose a base de manuales y revistas. Yo, que veía todo aquello, me sentía fascinado. Las carátulas de los videojuegos hechas con aerógrafo, los ordenadores con ledes formando paisajes a lo *Tron* (Disney, 1982) en la publicidad... era todo demasiado. Empezaba una nueva era y yo quería aprender cómo controlar todo aquello.

Pero había una norma en casa: nada de videojuegos; aquello era para trabajar. Esto hizo que el hambre por conocer se multiplicase por mil. Cuando tienes motivación, escasez de recursos y un desafío, no hay límite.

Había revistas, muchas, sobre todo este mundillo que comenzaban a extenderse por los hogares. En el encabezado aparecían titulares como: «Te desvelamos el código para crear tu primer juego de tenis» y, a continuación, dos o tres páginas con ese código ilegible llamado BASIC, unas instrucciones para guardar los cambios de tu proyecto en un casete —«teclea SAVE»— y otras para continuar lo ya escrito —«teclea LOAD»—. No hacía falta nada más.

Aprendí a escribir en aquel ordenador de teclas de goma, aprendí a conectar todo a una televisión en blanco y negro que alguien seguramente nos había regalado y, lo más importante, aprendí a entender partes del lenguaje que estaba copiando de la revista. De repente, si tocaba ciertos parámetros, el juego cambiaba los colores, la velocidad, la dificultad e incluso podía añadir gráficos *(sprites)* dibujando por coordenadas o crear mi propia música. ¡Wow! Esto era nuevo y las posibilidades, infinitas.

A los pocos años llegaron los MSX, los PC 386, los PC 486, los Intel, los AMD, los Mac, los móviles, las *tablets,* las Oculus Rift... un sinfín de desafíos que nunca terminaron y gracias a los cuales aprendí la siguiente lección: la de las olas. Todo esto eran olas y tenían un patrón.

▬ «Todo son olas y todas se basan en patrones de repetición». ▬

Las olas son un fenómeno de la naturaleza que se basa en patrones de repetición. Casi podemos llegar a crear una base matemática sobre cómo funcionan y aplicarlo a nuestra vida como una teoría, ya que siempre estarán allí y su funcionamiento resulta siempre igual.

Primero la energía se forma en la profundidad debido a las corrientes; es algo que no vemos, pero ese movimiento está allí abajo y es inmenso. Poco a poco esa energía va subiendo ayudada por el empuje del aire. Al principio resulta algo sutil, solo ondula la superficie, y todo puede quedar ahí, pero, si ambos medios, agua y aire, colaboran de forma coordinada, la cosa cambia: va subiendo hasta formar una cresta y vemos su máximo esplendor. Dura un instante, lo justo para disfrutar de ella, para luego volver a sumergirse.

Esa fuerza es la que vi con aquel Spectrum ZX. Una ola tecnológica pudo cambiar mi entorno para bien y provocar que saliéramos de aquel lugar gracias a que mi padre supo tomarla y dominarla.

Una vez que comencé mi carrera profesional, tuve la suerte de pasar directamente de las prácticas —en una empresa de publicidad pequeña en Toledo— a un gran tsunami, sin fases intermedias. Y, como todo en mi vida, vino de forma mágica.

El teléfono sonó sobre las 13 h. Estábamos en 1999. Un exprofesor muy conocido a nivel mundial en el ámbito del arte había recibido la petición, por parte de una compañía que iba a desarrollar un megaproyecto de ocio, de encontrar a cuatro jóvenes promesas que pudieran entrar dentro y formarse para ser las piezas esenciales del liderazgo creativo de la organización a veinte años vista. Nada más y nada menos: «No te puedo contar más. Tienes que ir allí para verlo y que te expliquen. Confía; es algo que puede cambiar tu vida», me dijo.

Marqué aquel número y una voz amigable en español me corroboró el mensaje de mi exprofesor. Algo habían percibido en mí y querían verme al día siguiente. Quedamos en una rotonda; un coche negro me recogería.

Sin pensarlo, me dije: «¡Qué más da!, ¡allá vamos! Esto huele a aventura. Mejor ir y descubrirlo, aunque no haya mucha lógica en todo esto. Peor sería tener la duda eterna de qué podría haber sido y no fue por optar por la comodidad de lo que ya conozco».

El coche me llevó a una gran finca entre Madrid y Toledo. Aquello era enorme; un lugar que ni sabía que existía. Había pasado mil veces cerca, pero pensaba que eran los terrenos de algún coto de caza.

Al fondo había una gran mansión de planta baja. El coche se paró en una rotonda que daba a una gran entrada y allí me recibieron: «¡Ven!, ya están los demás esperando, los otros tres».

Según iba avanzando por las estancias, veía a gente de medio mundo discutiendo sobre planos colgados en las paredes. Esos planos tenían dibujos de parques temáticos; había bocetos de ingeniería, muchas pizarras, maquetas, fotografías de atracciones... Esto empezaba a ponerse interesante.

Nos sentaron en un gran salón —del tamaño de una casa estándar— con diversos ambientes y varias alturas, y comenzó la explicación. Estábamos allí debido a que veían en nosotros «algo» más allá del conocimiento creativo y de diseño. Además de nuestra formación, contábamos con un «algo» para liderar un proyecto gigantesco de parque temático, ciudad de ocio y estudio de producción audiovisual que iban a crear equipos que provenían de Disney, de Efteling (el primer parque temático del mundo, en Holanda) y de empresas enormes (consultoras, bancos, auditoras, constructoras y demás integrantes de un gran *holding*) en el que se haría una inversión de miles de millones.

También lo crearían expertos con una gran experiencia en este tipo de desarrollos que ya se habían venido a vivir a España para trabajar junto a nosotros, o profesionales como Ginés, que fue el máximo responsable de la Expo 92. Cada uno aportaba en su área de conocimiento, y el plan maestro era el pegamento que uniría todo.

Ese «algo» era la capacidad de crear desde la nada y de forma autodidacta nuevos mundos investigando y derribando las barreras de lo que hay en el mercado; un «algo» que había detectado mi exprofesor y que era justo lo que ellos buscaban: gente no viciada por el sector del *amusement,* como llamaban al mundo del entretenimiento y la diversión, que pudiera crear cosas nuevas (no clones de otros parques temáticos), diseñar el plan maestro y, paralelamente, formarnos con los años para liderar ese proyecto desde una perspectiva creativa y técnica.

Y allí apareció Elías. Era un señor mayor —falleció en 2021— con una energía impresionante. Se parecía un poco a John Hammond, el creador de Parque Jurásico en la película homónima, tanto en lo físico como en lo visionario, con ese toque a la vez de niño eterno. No parecía español, se movía entre grandes a nivel internacional gracias a sus anteriores *holdings* y estaba dotado de ese toque de genio multidisciplinar. Elías fue quien había dado orden, por pura intuición, de llamarnos tras hablar con nuestros contactos intermediarios y quien nos explicó el proyecto más en detalle.

El reto consistía en crear ese megacomplejo: una suerte de parque temático con zonas de ocio, miniciudades vacacionales, producción audiovisual europea y formación basada en nuevos ideales de agilidad y motivación. Todo tenía un toque humanista, integrado con la naturaleza, adelantándose a las tendencias que vinieron décadas más tarde. Se trataba de un proyecto destinado a cambiar Europa. No era algo local; se pensaba en grande, y había mucha gente ya implicada. Las obras podrían comenzar apenas en un par de años, si todo iba bien.

Cena de navidad del equipo directivo del proyecto junto a Jerry Aldrich (Disney) y Elías, segundo y cuarto de izquierda a derecha. Entre ellos, Edgar Martín-Blas.

Recuerdo que, cuando volvía hacia mi trabajo, lloré de emoción. Por un lado no creía nada de lo que había pasado: «¿Por qué yo?», me preguntaba; por otro, el miedo volvía a aparecer: estaba a punto de entrar en algo en lo que, quizás, podría no dar la talla. Al llegar a mi puesto en la agencia de publicidad, todo me parecía pequeño: ese diseño para una revista tenía discreta relevancia solo durante apenas 24 h.

Llamé a Elías y acepté el desafío; de hecho, ya le conté varias ideas para integrar previsualización 3D a muchos de los diseños que había allí colgados y simular la visión de los asistentes antes de pasar a la ingeniería. Era importante sentir todo antes de dar pasos en falso. Le gustó: «Eres lo que yo esperaba», dijo.

Los meses pasaron muy rápido. Viajábamos por Europa visitando proyectos de una envergadura similar. Sus responsables nos hacían una visita por las instalaciones y nos enseñaban los trucos para aprender a diseñar experiencias mágicas. Charlábamos con creadores y técnicos, como Alex Lemmens o Jerry Aldrich. Veíamos cómo funcionaban las bambalinas del mundo del ocio y la diversión a gran escala.

En Efteling aprendí una gran lección que luego me sirvió para la llegada de los mundos virtuales y el metaverso. Aquello era diferente; ese parque tenía «algo».

Efteling posee una historia curiosa: un ilustrador holandés llamado Anton Pieck —seguramente hayas visto sus ilustraciones navideñas en cuadros y libros— creó en la década de 1940 en un bosque cercano a Breda un recorrido por los cuentos europeos utilizando construcciones temáticas y personajes con engranajes mecánicos. El objetivo era entretener a los niños que habían sufrido la Segunda Guerra Mundial, crear algo para hacerles felices y que, además, fuera un lugar creíble; que realmente pareciera que estaban en un cuento y así suavizar el día a día de la posguerra. ¿Te suena? La imaginación es necesaria y cubre la realidad con una capa virtual para sobrellevar, desde una visión positiva, los momentos oscuros.

Este mundo de ensueño era caótico. El bosque tenía mil caminos, mil secretos, que cada niño en su visita descubría de manera diferente: un niño podía haber estado en una seta gigante junto a unos gnomos que bailaban mientras amasaban el pan, haber salido por la puerta de atrás y haber vivido el encuentro con un gigante dormido; otro niño podía haber llegado por otro camino a una gran plaza donde los caballeros de una baraja de cartas tocaban cada hora una salva con sus trompetas para luego entrar en la zona de las mil y una noches y ver a un genio volar con su alfombra mágica entre los árboles. Todo aquello era increíble y realista hasta cierto punto.

Este concepto de «aventura diferente» es el que propició que todo el mundo hablara de ese lugar durante décadas. No necesitó ni de la labor de marketing para promocionarlo más allá de unos 500 km a la redonda. Era un lugar en el que cada vez que se iba se vivía una nueva aventura. Esta experiencia de descubrimiento y exploración era la clave: los niños contaban sus aventuras en los colegios y ninguna era igual, lo que generaba un efecto llamada constante cada año.

Allí aprendimos que ese sector, el del *amusement,* no se basa en nada previo. Todo se va inventando sobre la marcha según la imaginación de los creativos. Y esto, sobre todo, ocurría allí, en Efteling; luego ellos vendían esa innovación a otros parques, siendo este el lugar donde se testaba gran parte del ocio a nivel mundial.

Tras aquellas formaciones y experiencias, las ideas empezaron a salir solas. En apenas un año teníamos entre todos, novatos y profesionales reputados, unidos bajo la batuta de Elías, un plan maestro de más de tres mil folios llenos de planos, diseños, conceptos de atracciones, guiones, sistemas de entretenimiento digital, gestión de marca *(branding)* y todo lo que el proyecto necesitaba para su ejecución en la fase 1. El arranque era inmediato, pues ya se habían comprado los terrenos y dado los permisos, pero no todos.

Como toda ola, podía crecer y convertirse en un tsunami o diluirse y morir. Este proyecto, contra todo pronóstico, y aunque estaba totalmente destinado a construirse, se torció de golpe, debido sobre todo a los intereses políticos y territoriales de aquella época.

Cuando todo tu mundo se para de golpe, cuando has tocado la punta de la ola y te caes, todo se derrumba a tu alrededor.

Recuerdo perfectamente la escena: estábamos en el salón todos (equipos creativos, técnicos, financieros, arquitectos, consultores, etc.) conteniendo el aliento. Se había celebrado una reunión para la concesión del *OK* al documento más importante de inicio del proyecto por parte de entidades oficiales. Nada más terminar, una llamada nos dejó helados a todos: no había confirmación oficial, habían surgido problemas y venían de camino para contárnoslo.

Una guerra interna entre partidos por asignarse la medalla futura del proyecto, una guerra entre entidades oficiales y sus planes de expansión para el territorio, había truncado todo. Algo tan banal había parado uno de los proyectos más grandes de Europa. El personal extranjero, sobre todo, no daba crédito, no entendía el problema: si ya estaba todo (la financiación, el plan, la generación de empleo como motor de las zonas afectadas... todo), ¿qué podía ir mal?

Inmediatamente el equipo pasó a asesorarnos para enfocar nuestro trabajo hacia el mercado con contactos que tenían ayudándonos para el gran choque que se avecinaba. El castillo de naipes estaba tocado y destruido: sin ese documento aprobado todo se caería en apenas unos meses.

Lo aprendido y experimentado en aquellos dos años fue increíble; tal vez la mejor escuela que jamás podría haber tenido. La ola se quedó en sus fases iniciales y no pudo pasar al tsunami que todos creíamos. Pero la siguiente estaba a punto de aparecer y fue la que me permitió entenderlas, medir su duración y enfocar mi carrera a surfear sobre ellas.

A las pocas semanas comencé en una multinacional del mundo web. Les encantó mi porfolio del gran proyecto: «¡Ey! Si supiste mover todo aquello, aquí vas a tener mucho que hacer», dijeron.

Internet ya estaba en el pico máximo de la ola y me subí a ella en el peor momento, apenas tres meses antes del gran estallido de la burbuja de las puntocom. Internet había pasado de ser un sistema de conexión entre universidades a convertirse en un mundo lleno de oportunidades por explotar. Las empresas se lanzaron a crear páginas web de todo tipo, desde la venta de productos mediante compras conjuntas hasta portales de noticias que iban a facturar millones en publicidad o servicios de *streaming* de vídeo con módems que apenas superaban los 128 kb/s. Pero se anticiparon demasiado en el tiempo a lo que luego ocurriría décadas después, y todo explotó. Empezó por las acciones de Terra Networks, que bajaron al mismísimo infierno en apenas unos días, y siguió con la quiebra de la empresa Teknoland, buque insignia de este nuevo mercado en España.

La cara de mi jefe era de miedo. Todo se venía abajo en cascada dentro del mundo de las puntocom, y nosotros éramos una de las compañías que creaban ese tipo de proyectos. Podía pasar cualquier cosa en las próximas semanas: «Prepárate, Edgar, esto no tiene buena pinta», fueron sus palabras.

Pero esta vez no podía volver a pasar; esta ola había que domarla, entenderla, ver cuál era el problema.

En aquel momento conocí a *Jota,* futuro integrante de Virtual Voyagers. Nos hicimos colegas y empezamos a hacer proyectos juntos en aquella tormenta dentro de la empresa, quitamos de en medio todo lo que pudiera ser adorno en nuestros proyectos y nos enfocamos en facturar; en ser pragmáticos para terminar las cosas a tiempo; en profesionalizar procesos que se hacían de forma improvisada en muchas ocasiones, como la UX (una gran desconocida en aquella época) y el diseño web; en modularizar también el I+D para que luego se pudiera aplicar a nuevos proyectos, y en ser cada vez más *efectivos,* esa era la palabra: *efectivos,* no ir a ese Internet lleno de adornos que había implosionado por ser más humo que realidad, sino solo a lo que funcionaba para el usuario y a mejorar la experiencia lo máximo posible.

Así pasaron uno, dos y tres años, y de repente todo se estabilizó. El mercado no había muerto. Habíamos sobrevivido y la ola había terminado bien para todos. Internet se profesionalizaba y pasaba a ser algo cotidiano y útil para los usuarios. La misión estaba cumplida. Ahí fue cuando descubrí el sentido de las olas.

Las olas siempre están ahí, hacen que el mundo se mueva y tienen un patrón común dentro de la economía digital:

Fase 1

Cada tres años una tecnología nueva aparece en entornos de innovación en foros pequeños donde todo se mueve de forma *maker* (haciendo). Viene de la mano de genios que dibujan una nueva tecnología, pero aún no conocen su alcance.

Estos genios no tienen fuerza para hacer crecer a gran escala esa tecnología. Entonces aparecen los del dinero, inversores o grandes organizaciones que se ven en la necesidad de revitalizar el mercado. Han de innovar para que todos cambiemos de teléfono o de ordenador o para crear categorías nuevas y lideran ese cambio. Es algo innato tanto en el vendedor como en el comprador. Necesitamos cambiar todo cada cierto tiempo.

Fase 2

La ola sube en vertical cuando el mercado acepta una tecnología. Hay un momento de especulación, de promesas, de euforia... Ahí está la parte divertida, cuando todo es posible y no hay normas, solo la ley de la selva.

Si sobrevives a esa subida en vertical, juegas en la cresta, en el momento dulce en el que apenas hay competidores y todo es beneficio. Los giros son rápidos, hay margen para jugar. En este momento se crean los líderes de la categoría que ya perdurarán para siempre. Es la generación que ha logrado domar la ola.

Fase 3

La ola cae y se da una vuelta a la normalidad (estandarización de esa tecnología) en poco tiempo. El momento clave es cuando todo el mundo ya habla de esa ola, de ese invento, de ese producto; la conversación pasa ya a ser repetitiva. Todo el mundo sabe de ello y todos son expertos.

En ese momento sales, porque ya solo quedaría luchar por los restos de la ola con la espuma caótica rodeándote y combatir por el precio más bajo debido a la alta competitividad.

Al tercer año siempre se está ya preparando la siguiente ola. Tal vez sea nueva o, en el mejor de los casos, se sumará a la vivida anteriormente. Eso es lo que ha pasado en el metaverso: ha ido sumando olas durante diez años: la virtual, la realidad aumentada, la realidad mixta... para crear un auténtico tsunami.

Volvamos al tsunami.

«Las olas siempre nos han acompañado en nuestras aventuras».

En 2015 el mercado virtual estaba ya iniciado, habíamos logrado entregar nuestro primer gran proyecto y tocaba surfear todas las olas que iban a venir.

Los primeros meses eran un hervidero de reuniones; muchos proyectos venían gracias al fervor que provocaban las gafas en los departamentos de marketing. Todo parecía que iba a explotar en vertical en cualquier momento.

En apenas un año la gente de Oculus había pasado del prototipo inicial DK1 al DK2, que posibilitaba moverse dentro del mundo virtual aproximadamente 1 m y suponía todo un salto de calidad que permitía que los proyectos fueran evolucionando rápidamente hacia ese formato 100 % inmersivo que todos queríamos.

La compra de Oculus por parte de Facebook nos hizo temblar a todos, pero no porque no fuera una buena noticia —sí lo era—, sino porque pasábamos a depender de la fecha de lanzamiento de las nuevas gafas, ya propiedad de Facebook. No había apenas información y las pocas gafas que había en el mercado eran un bien muy preciado, como la gasolina en las películas de *Mad Max*. No había *stock* y, poco a poco, las que había se iban deteriorando.

Al poco tiempo apareció Samsung en escena trayendo bajo la manga un acuerdo con Facebook/Oculus (que aún seguían trabajando en su nuevo dispositivo secreto) para desarrollar unas gafas virtuales unidas a un móvil. El concepto funcionaba bien, abarataba costes y hacía que se pudiera disfrutar de una realidad virtual decente, pero daba un paso atrás, pues no había desplazamiento, como en las DK2, o, lo que es lo mismo, carecían de 6DOF (6 grados de libertad).

También se abrió paso un nuevo tipo de contenido, el vídeo 360º, algo inesperado, ya que apenas había formas de grabar este tipo de formato. Tocaba explorar, inventar y adaptarse al cambio. Ahora la tendencia era la realidad virtual basada en capturar imágenes del mundo real y llevar allí al usuario, una especie de teletransportación pero sin interacción, ya que al ser vídeo no existía la posibilidad de estar dentro del contenido y realizar acciones; solo se podía visualizarlo de forma lineal. Eso sí, era muy impactante, ya que parecía que se estuviera en el lugar.

En aquel momento entraron en acción dos chavales de veintipocos años, Cristian y Javi. Venían recomendados por Tono Cabanelas, un músico que también estaba experimentando con estos formatos. Tengo grabada a fuego la escena de aquel día.

Llegamos a un *hub* en Atocha con un proyecto de un gran cliente europeo. Se trataba de grabar un anuncio publicitario en vídeo 360º que se iba a rodar en breve. Todo dependía de ellos: si realmente tenían esas cámaras e inventos que nos había contado Cabanelas, nos lanzaríamos a la aventura, una vez más, con nuevos tripulantes.

Cristian y Javi estaban en un cuartucho de apenas 10 m² haciendo temas de I+D para un gran banco. Ellos investigaban tendencias tecnológicas, las experimentaban y luego creaban informes para que alguien lo contase en una charla corporativa o en un informe de tendencias para la prensa.

Cuando les conté el proyecto, me mostraron los avances en cámaras 360°, y aquello tenía muy buena pinta. Realmente lo estaban consiguiendo: juntaban piezas impresas en 3D con varias cámaras GoPro, luego editaban el contenido de cada cámara y lograban que se viera un vídeo 360° de forma más que digna. «Adelante con esto; creo que podemos empezar a colaborar. Vámonos a nuestro primer proyecto conjunto», les propusimos. Aceptaron y empezaron a colaborar con nosotros.

El primer rodaje fue una auténtica aventura de la que salimos victoriosos, como siempre, al límite, ya que tuvimos que improvisar casi todo: el guion, la planificación del rodaje, la monitorización de lo que grababa cada cámara, la iluminación (que resolvimos situándola en la parte superior para luego eliminarla en posproducción) o el *acting* de los actores (bailarines) separados por zonas con forma de quesito, donde cada quesito era el límite en el que podían actuar para evitar problemas de unión de cada vídeo en la esfera 360° resultante.

Tras aquel anuncio lanzado en las gafas Samsung Gear VR —uno de los primeros anuncios de publicidad en ser producidos, según los blogs y revistas de la época—, no paramos de arrancar proyectos ya como una nueva estructura de *freelances* y empresas (nos hacíamos llamar N.H.). Los trabajos mezclaban por un lado la realidad virtual y por otro el vídeo 360°. Era un equilibrio divertido: unas veces tocaba crear todo en 3D desde nuestros estudios y otras, irnos de rodaje a lugares increíbles para traer al mundo lugares o experiencias impactantes.

Vivimos muchas aventuras y en aquel momento vimos que todo esto no tenía una evolución normal: era demasiado intenso, nos convertimos en protagonistas de demasiadas vivencias locas muy alejadas del mundo *startup* o empresa. Esto era algo visceral y estaba a punto de descontrolarse.

Las compañías de publicidad no paraban de llamar al teléfono. Todas querían su pieza virtual rodada en 360°. Sabíamos que no podíamos ceder a ser unos mejores ejecutores de ideas de otros, no podíamos convertirnos en una productora al servicio de las agencias; no habíamos venido aquí para esto.

Una de las decisiones más arriesgadas y locas que tomamos para parar ese intrusismo de las agencias en este nuevo mercado fue bloquearlas a todas haciendo una alianza que incluía la exclusividad para el sector de la publicidad con una de las grandes. De esta forma, cada vez que alguien llamaba, le decíamos: «Lo sentimos, en vuestra área (la de la publicidad) solo podemos trabajar con Havas Worldwide», empresa en la que estaba mi amigo Alfonso, quien era uno de sus directores y conocido de olas anteriores.

Las agencias perdieron la oportunidad de ser intermediarias, ya que apenas había más empresas virtuales en aquel momento (seríamos solo unas cinco con capacidad real de creación). Y ganamos la partida. Las compañías del sector empezamos a dirigir y a llevar las riendas que en aquel momento podían haber pasado a las agencias. Otra vez el más rápido ganaba.

Con Havas trabajamos esta nueva pata, la de la publicidad inmersiva, mientras nosotros gestionábamos a otros clientes de otros sectores directamente: *retail,* museos, producto, eventos, *branding,* periodismo, etc. Se generaba un tándem curioso que funcionaba y nos permitía facturar proyectos muy variados para ir sobreviviendo los primeros años, a la vez que íbamos encontrando nuestro propio estilo en un sector que estaba naciendo.

Uno de esos proyectos vendidos por mí junto a Alfonso, de Havas, fue con Ferrari. Alfonso me llamó un sábado: «¡Ey! Tenemos el *OK* al proyecto con Ferrari».

Nada más y nada menos se trataba de ir al circuito de Mugello, Italia, la cuna de la marca roja, y grabar en 360° el primer campeonato de F1 inmersivo. Además los protagonistas eran muy conocidos: Sebastian Vettel y Kimi Räikkönen. Lo tenía todo para una nueva aventura.

No había tiempo para llamar a producción ni para preparar apenas nada. Llamé a Cristian y al equipo: «El domingo salimos para allá e improvisamos todo; la aprobación ha sido en caliente y de última hora», les dije.

Una vez en Italia, nos dirigimos en furgoneta al circuito. El cliente nos había dicho que todo estaba aprobado, pero había una posible barrera: una vez allí, teníamos que explicarle al ingeniero jefe del circuito el funcionamiento de todo para que nos dejara colocar dos cámaras 360º en ambos Ferrari antes de la carrera. El objetivo era vivir la experiencia como si se fuera un copiloto. El propio cliente tenía dudas de que este señor nos dejara, pero, si todo se torcía, ya habría tiempo de volver.

Al llegar al circuito deshicimos las maletas con todos los inventos, apareció el equipo de ingeniería y nos preguntó por el tipo de cámaras que íbamos a instalar en los coches y cómo. La explicación no les convenció mucho, sobre todo cuando vieron que todo estaba impreso en 3D y tenía cinta americana por todos lados, ya que podía suponer un peligro en un Ferrari que alcanza más de 300 km/h.

Pero no nos rendimos a la primera. Inmediatamente les explicamos sobre la realidad virtual, sobre lo impresionante que podía llegar a ser el proyecto; les pusimos las gafas virtuales y fue tan tremenda su reacción ante lo que vieron, que *ipso facto* dijeron: «Vale, vamos a ello. Os pongo a mi mejor equipo a trabajar en boxes con vosotros. Hay que lograrlo, pero tenemos poco tiempo, en apenas 3 h comienza la carrera».

Nos dieron unos pases VIP que daban acceso a todo el circuito y, una vez en boxes, comenzamos a desmontar los Ferrari para encontrar un lugar donde fijar la cámara de forma segura. Y la magia volvió a aparecer. Existía un tornillo en ambos coches donde ellos a veces colocaban una GoPro con la que capturar imágenes para posteriormente realizar mejoras. Ese tornillo lo era todo ya que estaba anclado al chasis principal y permitía que, con unas ligeras modificaciones, pudiésemos poner nuestras cámaras 360º. Cristian y Javi sacaron su lado inventor y modificaron las lentes originales con unas prototipo recién traídas de Japón que nos permitían reducir a solo dos cámaras el set que necesitábamos instalar.

En los boxes de Mugello *hackeando* el coche de Kimi Räikkönen con su equipo de ingenieros de Ferrari para instalar las cámaras 360°.

El ingeniero jefe fijó nuestras cámaras con un taladro neumático y aquello quedó inmóvil y listo para la carrera. Ahora restaba lo más delicado: darle al botón de grabar en el momento de salida, ya que la duración de las tomas era limitada y, claro, no podíamos estar en la línea de salida. Explicamos a un ingeniero el funcionamiento, asintió con la cabeza y ahí dejamos de verlas.

La carrera empezó y los Ferrari se lanzaron a toda velocidad: una vuelta, dos vueltas, ya no sé cuántas vueltas...; yo solo esperaba que las cámaras sobrevivieran. Una vez finalizó todo, bajamos corriendo a boxes. Nuestra ganas podían con nosotros; incluso salimos en las fotos oficiales de la llegada de los coches a boxes. Ahí estábamos desmontando las cámaras a la vista del público. Logramos extraer la tarjeta y, al revisar el material... ¡estaba todo! ¡Lo habíamos conseguido!

Un *hurra* salió de todos nosotros. Nos fuimos ya tranquilamente a vivir el mundo Ferrari durante la tarde: el restaurante VIP, las salas para famosos y el museo. Aquello fue increíble. Gracias a los ingenieros y al equipo logramos en tiempo récord alcanzar un imposible. Podía hacerse mejor y con más recursos, pero no era el momento: en aquellos días iniciales de la realidad virtual, apenas había presupuesto para estos proyectos; bastante era poder estar allí para realizarlo.

El cliente lanzó el proyecto en uno de los primeros vídeos 360° de YouTube, se hicieron eventos con las Samsung Gear VR, se dieron ruedas de prensa, aparecieron noticias y reseñas en periódicos... Aquel proyecto tuvo un gran impacto mediático.

Pero la aventura de aquellos «primeros días» nada más acababa de empezar. A los pocos días recibí una nueva llamada, esta vez del periódico *El País,* pues habían visto estas tecnologías inmersivas y querían un proyecto: ahora nos iríamos a Japón.

El periodismo por aquel entonces estaba coqueteando con estas tecnologías. *The Washington Post* había hecho un documental 360° dentro de una cárcel, lo que había abierto la veda a experimentar por parte de medios que abrazaban las novedades, como *El País.*

Una vez en la reunión, la sorpresa llegó al conocer el lugar concreto en el que iba a desarrollarse nuestra nueva aventura. No era solo un destino remoto como Japón, sino la misma central nuclear Fukushima. El proyecto consistía en entrar en la zona de exclusión, donde cinco años después aún había radiación, para documentar a lo *road movie* un viaje para conocer, en el aniversario de la catástrofe, el destino de las ciudades, los pueblos y las personas que allí vivían.

El proyecto era una coproducción entre *El País* y *Greenpeace;* de hecho, la ONG iba a fletar su barco Rainbow Warrior para que grabásemos tomas 360° enfrente de la central nuclear.

Todo sonaba estupendo, pero aquí había algo nuevo: peligro físico. Íbamos a arriesgarnos a entrar en un lugar radiactivo. Teníamos otra vez frente a nosotros dos caminos: estar y crear algo nuevo y no estar y seguir nuestras vidas. Tras la reunión nos fuimos a un bar cercano y meditamos la decisión Coca-Cola en mano. Llamamos a dos nuevos compañeros de viaje, Alejandro (Onirica VR) y Adrián (Futura Space), y entre todos decidimos ir allí a hacer historia todos: Cristian, Alejandro, Adrián y yo, unidos a un equipo de *El País* liderado por Daniel Verdú, el periodista que había propuesto la idea de virtualizar la experiencia periodística.

No había plan; tan solo dejarnos llevar por los acontecimientos e ir improvisando las tomas para capturar la esencia del viaje desde Tokio hasta los pueblos desiertos llenos de puntos calientes radiactivos que podían matar en días si no se disponía del material necesario para detectarlos.

Una vez dentro la aventura se volvió mayúscula. Nos pasó absolutamente de todo: desde vivir un terremoto en plena ciudad de Fukushima dentro de un hotel y tener que salir corriendo con los discos duros en mano para salvar el reportaje hasta escuchar alarmas para osos dentro de la zona de exclusión mientras entrevistábamos a un héroe que se había quedado allí para cuidar a todos los animales de la zona.

La gente luego podría vivir todas estas aventuras en sus casas cómodamente gracias a la realidad virtual; cuanto más nos adentrábamos y más cosas nos pasaban, más interesante se volvía todo.

El Rainbow Warrior estaba allí esperándonos. Nos subimos y comenzamos el viaje por mar a escasos kilómetros de la central. Detrás de nosotros numerosas patrullas del ejército nos seguían por si la ONG «la liaba». Las tomas eran épicas, como cuando subimos las cámaras 360° al mástil del barco y vimos la central. Las patrullas siguiéndonos, los pueblos fantasma...; la realidad virtual estaba hecha para eso, para acercarnos a lugares a los que jamás iríamos por nuestros propios medios o para hacernos vivir experiencias únicas.

Los aventureros de Fukushima.

El viaje era peligroso, pero el equipo estaba todo el día de humor para rebajar la tensión. Hacíamos bromas de todo; a veces parecíamos más niños que profesionales. Pero era necesario; aquello era demasiado devastador para entrar en su juego.

Una vez que terminamos el proyecto, tocó editarlo, pero para entonces ya estábamos en el siguiente viaje, en Inglaterra. Hice una primera versión que mandé al periódico y les encantó. Vieron que había material muy bueno y aumentaron la apuesta. Todo iba destinado a un museo que celebraba el aniversario del periódico y el proyecto iba a salir en portada un domingo, con lanzamiento internacional.

Jota, que ya formaba parte del equipo desde los inicios, hizo una gran aplicación para Android e iOS que permitía a cualquiera ver la pieza virtual con o sin gafas. Fue tan fino el trabajo de todos, que recibimos numerosos premios, tanto al contenido como a la innovación aplicada, como el londinense Lovie Awards o Best, de Google.

Cómo se rodó 'Fukushima, vidas contaminadas', el primer gran reportaje en realidad virtual de un medio en español, inaugura el nuevo canal de EL PAÍS.

Lanzamiento a nivel nacional del primer reportaje periodístico 360°.

El proyecto se lanzó a tiempo y creó un nuevo género para muchos profesionales del sector: el periodismo inmersivo. Habíamos logrado salir victoriosos una vez más, y parecía que ya no había límites en nuestras aventuras por el mundo.

Qatar, Inglaterra, México, Canadá, Brasil, EE. UU., Italia, Filipinas... el mundo de repente se ponía a nuestro alcance. No parábamos de viajar. A veces podíamos enlazar dos proyectos virtuales y estar en tres continentes seguidos; trabajábamos en aeropuertos, en hoteles... La adrenalina y la velocidad casi nos destruyen porque estábamos perdiendo el norte en un formato que estaba a punto de terminar: el del vídeo 360°. Este no era el plan original del metaverso, sino un espejismo en forma de vídeo que parecía inmersivo pero que no era ni de lejos el formato que llegaría más adelante.

Tuvimos la suerte de frenar a tiempo. Paramos todo lo relacionado con el vídeo 360° y la estructura preparada para ello en la que estábamos varias empresas y *freelances,* ya que empezamos a ver que no tenía evolución más allá de mostrar entornos e historias lineales pregrabadas. Sirvió como experimento, como evolución, y supimos frenar a tiempo para la siguiente ola. Facebook lanzó sus gafas oficiales, el mercado volvió a los proyectos 3D y todos lo celebramos. El metaverso presencial e interactivo volvía a nuestras vidas tras un largo camino en el desierto del vídeo 360º.

— «El metaverso permitirá no solo explorar el conocimiento previo ya registrado en experiencias y capítulos oficiales, sino interactuar con millones de personas con los mismos gustos e intereses, donde las ideas vuelan y la innovación alcanza altas cotas». —

Año 2035

El metaverso ya es una realidad; es un lugar donde podemos aprender de forma autodidacta a un nuevo nivel y no solo cosas teóricas, como en la época de Internet, donde veíamos un vídeo y podíamos entrar en materia de forma rápida gracias a YouTube.

Ahora es posible interactuar con todo: estar en el lugar de la acción y encontrarse acompañado por otros en el proceso. Esto ha hecho que la enseñanza cambie por completo; de hecho, los colegios, tal y como los conocíamos, han dejado de existir, y ahora son un modelo híbrido real-virtual.

Los niños utilizan simuladores de oficios para encontrar su vocación de forma temprana: piloto, cirujano, historiador, etc. Los profesores entran en el metaverso con ellos y les explican tipologías de trabajo existentes o nuevas ramas aún por descubrir, ya que los puestos de trabajo cambian cada año gracias a la hipervelocidad a la que se mueve el mundo de las empresas de innovación.

Una vez que el niño descubre su «patrón», aquello que le motiva de forma innata, el profesorado le asiste para enfocar todo el esfuerzo en alcanzar la excelencia dentro de ese campo. Evidentemente, las otras materias generales se tocan para tener una visión lo más completa del mundo, pero se potencia aquello que hace que el alumno olvide que está estudiando.

El metaverso además permite no solamente explorar ese conocimiento previo ya registrado en experiencias y capítulos oficiales, sino interactuar con millones de personas con los mismos gustos e intereses. De forma inmediata, se puede estar en charlas, eventos o reuniones de tú a tú con los mejores del mundo y realizar proyectos colectivos como si se estuviera en el mismo edificio trabajando mano a mano con los compañeros.

Esto ha hecho que la sociedad se divida en colectivos que se agrupan en metaversos temáticos, donde las ideas vuelan y la innovación alcanza altas cotas. Algunos pueden estar en varios a la vez, cruzar conocimientos y crear nuevas categorías antes impensables: exploración espacial y ética, genética y política, inteligencia artificial y política... tan solo hay que saltar entre metaversos para ir adquiriendo nuevos conocimientos.

El metaverso no es excluyente —en el mundo se continúa haciendo tareas físicas y se siguen celebrando eventos reales—; simplemente ha hecho posible que cada persona pueda hallar su lugar en un mundo donde antes costaba encontrarlo debido al poco acceso que había a experiencias. Ahora cualquiera, tenga la condición económica que tenga, puede estar dentro de un transbordador espacial como cosmonauta o ser mecánico de coches eléctricos. Nada impide encontrar lo que más le motiva a uno.

— 3. EL ÉXITO Y LA LOCURA —

▬ «El éxito es un arma de doble filo. Nadie está preparado para entender lo que puede pasar por las cabezas de esas personas que están viéndonos en televisión o leyendo un periódico. Gran parte ve el trabajo que hay detrás y nos valorará, pero una pequeña porción se convertirá en un enemigo anónimo, silencioso y planificador. No hay razón, no hay lógica, pero el hecho de destacar implica estar expuesto a esto constantemente, y eso puede destruirnos solo por intentar razonarlo». ▬

Recuerdo aquel día perfectamente. Mi madre y yo volvíamos del colegio. Había ocurrido algo. La cara era de enfado y tristeza. Había suspendido mi primer examen; el contenido escrito estaba bien, era correcto, básico, pero su presentación era horrible y constituía gran parte de lo que puntuaba, por lo que el profesor había decidido darme un escarmiento.

Semanas antes decidí bajar la calidad de todo lo que hacía de forma consciente. Ya no podía más con el hecho de que, cada vez que sacaba una buena nota, automáticamente varios compañeros de clase comenzaran a insultarme y a tildarme de «empollón», «gafotas» o «caralibro», examen tras examen, día tras día. El plan era bajar el ritmo, integrarme y dejar de escuchar todo aquello.

Mientras andábamos mi madre me dijo:

—Mira, Edgar, esto te va a pasar siempre. Siempre habrá gente que quiera hacerte caer. El profesor lo ha visto, sabe perfectamente por qué lo has hecho, y por eso te ha lanzado un mensaje. Pero así no se alcanzan los sueños; luchar contra la mediocridad es parte del camino, y eso cuesta. No solo se trata de estudiar, sino de entender el entorno, analizarlo y aprovecharlo. ¿Tienes algún sueño?

—Sí —dije yo—, ¡un coche descapotable!

—Pues todo lo que hagas en tu vida, si lo sabes gestionar bien, hará que esto ocurra y lo obtengas. No tienes límites, pero debes aprender a controlar el entorno.

Aquella lección se me quedó grabada. Cuando hacemos grandes cosas, si las realizamos desde el corazón y la intuición, podemos lograr prácticamente cualquier hito, pero hay que estar preparado para el lado oscuro porque el éxito puede traer consecuencias.

Con los años fui entendiendo que el ego individual es nuestro peor enemigo. Por un lado, nos hace avanzar, nos empuja para llegar más allá, a lo inexplorado; es como una energía atómica sin límite que dice a todo nuestro ser: «¡Ey! Podemos llegar allí, ¿acaso no puedes? ¡Venga, vamos...!». Pero ese ego va creciendo y puede pasar de ser algo bueno, que impulsa o lanza mensajes positivos al resto del mundo, a algo tóxico que hace que nos convirtamos en la piedra del camino que nos hará caer. Por eso con los años comprendí que lo mejor es hacer equipo, sumarse a otras personas, para lograr un ecosistema que se autocontrola, que va nivelando egos positivos y resulta imbatible. Ahí nació el germen de lo que luego vino más adelante.

El equipo A era una serie de la década de 1980 que nos enganchaba a todos los niños, un equipo de mercenarios exsoldados del ejército que ayudaba a los más necesitados en pequeñas misiones por la América profunda. Fuera plantando cara a unos mafiosos de pueblo que atemorizaban a los granjeros o salvando un colegio que iba a ser destruido por un constructor sin escrúpulos, siempre se solucionaba todo con inventos, explosiones y persecuciones, pero nadie moría en la batalla, eso sí, ya que era una serie para niños.

En el equipo cada integrante tenía su rol *maker:* desde fabricar motores, crear disfraces con prótesis y hacerse pasar por otra persona hasta ser un embaucador o *hackear* sistemas informáticos. Pero lo más importante eran sus personalidades: todos eran diferentes, pero compartían un ego único. Cuando unían fuerzas y colaboraban, lograban lo imposible, como una banda de rock.

No podía ser de otra forma: no podía haber dos líderes, dos locos, dos embaucadores... Cada uno tenía su rol psicológico, su ego positivo... y eso hacía funcionar ese «todo» del equipo A.

Al final, cuando lograban concluir la misión y el episodio terminaba, Hannibal, el jefe, siempre decía: «Me encanta que los planes salgan bien».

El equipo A, la banda de rock, el equipo de fútbol, la empresa... da lo mismo cuál fuera el tipo de asociación; aquí había una lección que aprender y esta serie estaba dándonos las pistas del éxito.

En el marco de mi teoría sobre cómo diluir los egos en el equipo para ser imbatibles, poco a poco me fui fijando en estas estructuras, especialmente en las bandas de rock, donde también se daba algo parecido; tenemos muchos ejemplos en la historia, cada uno con un final diferente.

En una banda de rock cada componente tiene un rol musical: batería, bajo, guitarra principal, guitarra de acompañamiento, cantante, etc., pero el éxito de la banda no es solo técnico; se necesita una presencia, una forma de ser y estar ante el público. De este modo podemos tener a un cantante como Jim Morrison de The Doors que hipnotizaba a las masas con su presencia y carisma, pero a la vez era tímido en extremo en su vida privada tras los escenarios; o a un guitarrista como Ritchie Blackmore, de Rainbow y Deep Purple, cuyas peleas con el equipo eran míticas y apenas dejaba a nadie opinar sobre su música, pero, oye, luego salían obras de arte que aún perduran en el tiempo.

El éxito de la combinación entre los miembros de esa banda de rock tendrá como consecuencia el éxito de sus creaciones y su repercusión en la posteridad. El genio guitarrista necesitará a un tranquilo y fiel baterista que equilibre su ambición; el cantante con carisma precisará a un gran guitarrista que haga que el espectáculo se nivele y el público descanse unos segundos mientras interpreta su solo. Si nos fijamos, se trata de un equilibrio de egos constante y en directo que va haciendo que el todo funcione.

Unas veces se mantiene durante años o décadas, ya que la unión es tan fuerte que hace que todo se perpetúe en el tiempo gracias a la amistad y al compromiso. Es el caso de la banda canadiense Rush, para mí una de las grandes del género rock, que apenas sufrió cambios desde su formación en la década de 1970 y que estuvo muy nivelada, tanto en el aspecto técnico como en el humano. Quizás su éxito residió ahí: en que todos tenían su área de actuación acotada y todos sumaban.

Un ejemplo contrario es la banda de rock Guns N' Roses, que apenas llegó a durar en su formación mítica unos fugaces cinco años debido al excesivo conflicto interior que allí reinaba. Axel contra Slash, Axel contra Steven, Axel contra Duff, Izzy contra nadie, ya que estaba totalmente drogado... Había un caos que hizo que la banda fuera más famosa por sus culebrones que por sus discos posteriores al debut.

Hay algo en esto que hay que estudiar y comprender sobre el equilibrio de talentos, personalidades únicas y egos que se puede aplicar a todo este mundo tecnológico donde sustituimos los instrumentos musicales o la furgoneta del equipo A por gafas virtuales y salas de reuniones o las giras de las bandas por las charlas en eventos.

De esta forma nació Virtual Voyagers. Nos situamos en 2018, tras haber sobrevivido a las dos olas iniciales antes del metaverso: la primera de los «primeros días» con aquellos primeros proyectos y prototipos de gafas y luego la caída tecnológica hacia un formato más básico, el vídeo 360°, y las gafas basadas en móviles, lo que a la vez nos hizo experimentar nuevos caminos e incluso empezar a facturar grandes cantidades de dinero (ya habíamos superado los 3 millones de euros en ventas). Poco a poco fuimos encontrando nuestra propia banda de rock, nuestra formación ideal, la que nos llevó a un siguiente nivel.

Edu es el equilibrio; con una ingeniería informática, másteres en ciencia y tecnología y un doctorado, puede analizar cualquier novedad del mercado, diseccionarla y trocearla en apuntes e informes para entenderla desde un lado racional, lo que luego le resulta muy útil para los proyectos que dirige. Es la firmeza, la serenidad y el conocimiento. Una anécdota que siempre cuento es que, cuando se compra un móvil o un ordenador, tiene un plan de amortización en un Excel, y no cambia de dispositivos hasta que no se ha agotado ese plazo. Para ello a veces es capaz de no quitar ni los plásticos del embalaje para que así duren más.

María es la fuerza; ella lleva la parte de producción, eventos y marketing. Puede conseguir imposibles; solo hace falta que alguien le pregunte: «¡Ey!, ¿puedes lograrlo?». Inmediatamente saca su teléfono y comienza a hacer cábalas con conocidos o conocidos de conocidos y a los pocos minutos ya tiene la solución. A la vez resulta muy dura, tiene esa impronta de madre que regaña a sus hijos y consigue lo que quiere de ellos. Es una conseguidora nata, una negociadora imbatible.

Jota es la genialidad; le conozco desde aquella ola de las puntocom. Como compañero de mil batallas es el complemento perfecto para mi cabeza caótica. Él pone los pilares tecnológicos a todo para que funcione, para que se haga real y construyamos un mundo virtual a gran escala sin apenas darnos cuenta. Eso sí, nunca hay que contarle el gran plan, la *big picture,* el camino ambicioso, porque se caería para atrás del estrés solo de escucharlo e intentar procesar tamaña locura. Es así y siempre tendrá que ser así; se le va contando el plan en píldoras controladas para que no deje de ser genial en su área de programación.

Javi es la adaptabilidad; se trata de un chico callado pero curioso que va investigando todo, de 3D a cámaras 360°, de la posproducción y los efectos especiales a la animación de personajes o la fotogrametría. Es un todoterreno de los pocos que hay que cuenta con conocimiento técnico de cada programa. A la vez es un aventurero, el primero en tirarse en paracaídas para lograr una toma única o lanzar un dron en el que se ha gastado decenas de miles de euros a unos acantilados para lograr que un proyecto siga adelante pese a las ráfagas de viento.

Cristian es la inventiva; con alma de *yanki,* aunque viene del País Vasco, tiene ese punto de genialidad en la invención que hace que siempre que aparece un proyecto complejo tenga una solución única nunca vista. Llega a ese lugar donde los foros ya dejan de dar información y hay que dar un paso más allá para conseguir algo nuevo arriesgando. Es alguien que se sitúa siempre en el abismo de la innovación sin límites y sale airoso de todo, como si tuviera una estrella que le protege. Y siempre tiene un as bajo la manga, un nuevo invento *made in Cristian* con el que nos deja a todos helados.

Aparte de ese núcleo del equipo, vinieron muchos más integrantes, como Roberto, con su visión ambiciosa y llena de *expertise,* que nos hacía a todos ir dos pasos más allá. Venía de Future Lighthouse, una empresa competidora en algunas áreas, aunque con un foco más en la producción propia de películas virtuales y videojuegos. Aquella aventura terminó de repente en la segunda ola virtual (2017) debido a problemas de inversión.

Respecto a Billy, aportó toda una visión nueva sobre el diseño, la UX y la interfaz de usuario (UI) en entornos virtuales. Me hizo mucha ilusión su integración en la banda de rock Virtual Voyagers, ya que fue uno de los alumnos que formé en los inicios, allá por 2015.

Además, otros muchos más hicieron que el equipo creciera considerablemente con auténticos *cracks* del mercado.

Y, cómo no, desde el principio, sobre todo en los primeros años, nos encontramos a algún personaje extremadamente tóxico que hubo que invitar a salir de nuestro entorno. Esa importante lección la aprendimos todos de golpe y de forma desproporcionada.

Cuidado cuando alguien viene sin referencias por pura casualidad y pide ayuda porque está en un limbo económico o laboral y por pura empatía te apiadas y le cuentas este mundo virtual lleno de conocimiento y negocios. Mal hecho. Si no hay referencias, si nadie conoce experiencias previas de esa persona más allá de lo bien que ha vendido al grupo sus capacidades futuras, puede ser un auténtico *troll* que quiere dinamitar todo lo conseguido para quedárselo. Es parte del juego y a veces nos tocó aprender esta lección y luchar por salir de la situación creada.

Ya teníamos una historia, un gran grupo de expertos y un nombre, Virtual Voyagers, Los Viajeros Virtuales; solo nos faltaba saber qué éramos, ¿una empresa?, ¿una *startup*? ¿unos *freelances*? Aquello era diferente, sin duda.

Virtual Voyagers, el valor del equipo por encima de todo.

¿Cómo hacer un plan cuando no hay plan? El sector del metaverso se iba dibujando cada tres meses con nuevos inventos, giros de guion y nuevas áreas que explorar. Pese a que llevábamos unos años, aún no sabíamos adónde íbamos en este camino; el motor era el afán por explorarlo porque sabíamos que al final del túnel había una gran luz.

Nos inventamos un formato nuevo de compañía, una empresa descentralizada que pudiera sobrevivir a estos giros constantes. Y para ello había que tener varias cosas claras:

1. **No tener inversores.** El inversor querrá algo a cambio. Es el camino fácil que permite escalar de forma más rápida y ambicionar a lo grande, pero en un sector que se iba dibujando cada poco tiempo podía convertirse en una trampa de la que no podríamos escapar. Imagina por un momento que hubiéramos crecido en el área vídeo 360º, hubiéramos pedido inversión para cámaras y a los dos años nos hubiéramos visto abocados a abandonar aquella vía porque algo más grande venía en el horizonte.

Nos habría matado, como a muchas empresas de aquel momento; de hecho, aproximadamente el 80 % de las compañías virtuales de 2018 quebraron porque no se cumplieron los objetivos de cara a los inversores. No pudieron justificar más inyección de fondos y terminaron cerrando por colapso, una auténtica catástrofe que hizo que esta industria estuviera a punto de implosionar.

2. **No tener socios (clásicos).** La estructura se basa en varias empresas independientes bajo una misma marca común; cada uno es CEO de su propia área de conocimiento, aunque hay un pegamento que nos une: la marca y los proyectos que queremos realizar.

Esta parte era importante porque uno de los principales motivos de cierre de compañías es la lucha de socios ante los cambios de facturación, de aportación al trabajo, etc. Aquí optamos por eliminarlo: cada uno gestiona sus propios equipos y tareas según el *know how* de cada empresa.

Una vez que entra un proyecto de un cliente, se genera una estructura de desarrollo que divide el presupuesto en porciones de una tarta; esta tarta sirve para que cada uno pueda gestionar equipos *ad hoc* durante esos meses o años de creación: los mejores profesionales dirigidos por una empresa especializada y bajo el paraguas de una filosofía común.

3. **No pedir préstamos a la banca.** Al igual que pasa con la inversión, depender de créditos de la banca hace que podamos tomar malas decisiones para ir tapando esos agujeros y corramos el riesgo de que llegue un momento en el que solo trabajemos en proyectos que detestamos pero que hagan que terminemos de pagar un crédito. Eso mata la innovación y el espíritu de ir más allá y se termina siendo una empresa más que vive más del Excel que de lo que vino a hacer.

Nos pusimos un reto: cada compañía debía ir acumulando flujo de caja para poder funcionar como nuestro propio banco y pagar bien a nuestros colaboradores o empleados, pero para ello teníamos que sacrificar el crecimiento. Nos fijamos un máximo anual que pudiéramos gestionar bien y de ahí no nos moveríamos. Eso sí, todo esto nos permite trabajar en mejores proyectos, ya que nos posibilita elegir por motivación, no por supervivencia.

4. **Giros rápidos.** Nos guía la intuición basada en el conocimiento del sector. Unas veces los giros serán lógicos y otras supondrán un riesgo enorme, pero la base es que podamos tomar esos giros en apenas un día.

Una empresa que no tiene que explicar a ningún ente superior nada dispone de la libertad de transformarse en apenas unas horas. Ahora vamos a investigar la web3D, luego paramos el vídeo 360° o nos vamos a Miami a por unas gafas Magic Leap y nos gastamos 14 000 euros para entender este nuevo camino de la realidad mixta. Esto hace que podamos ir a una velocidad endiablada y llegar rápido adonde una gran consultora tardaría años. En nuestra estructura eso es el día a día, parte del ADN y lo que los clientes compran.

5. **No tener plan y que los avances nos sorprendan.** Sí existe un Excel que nos va dando pistas sobre cómo vamos en cuanto a facturación, ventas, entregas, etc., pero no es algo que nos obsesione; simplemente vamos comunicando los grandes números a todos y al final del año vemos qué tal ha ido y si seguimos manteniendo el horizonte de facturación «fácil» que nos permite seguir en la ola hasta que tome su forma final.

Al no existir presión por el plan o los objetivos anuales, la propia inercia del *hype* por lograr cosas nuevas nos sorprende cada año; siempre va mejorando todo, pero porque nadie se paró a pensar si lo estábamos haciendo. Así de simple.

6. **Ambición controlada.** Una compañía no es mejor por su tamaño, por sus oficinas ni por sus premios; estamos en pleno siglo XXI y pequeñas empresas ya han demostrado que gana la más rápida. Uber o Tesla lo fueron tanto, que apenas dejaron tiempo a la competencia para reaccionar y diez años después esta sigue pensando todavía cómo combatirlas. Gana el que se adapta a los cambios,

creciendo y decreciendo en función de las tendencias del mercado real.

Por ello, una de las normas que tenemos es controlar la ambición, ya que puede destruirnos. Al final, tener trescientos empleados seguramente nos dé menos beneficios que tener veinte bien estructurados. El nivel de riesgo del primero no nos deja dormir pero el del segundo nos permite llevar una vida tranquila dentro de la velocidad del mercado, que ya de por sí es extrema. Preferimos nivelarlo así.

Aparte de las normas base de la estructura, aplicamos un modelo de círculos para crecer y decrecer según los proyectos, una forma nueva de entender los equipos:

- **Círculo *Core*.** El equipo A es quien vende, define y ejecuta la parte principal del proyecto. Debe tener pleno control creativo y técnico del proceso, y a la vez cada área hace de banco de sus empleados o colaboradores gracias al flujo de caja que se va generando, lo que se ve favorecido por la casi inexistente inversión en oficinas.
- **Círculo *Dream Team*.** Se trata de profesionales *top* de cada área necesarios para realizar un proyecto virtual, de modeladores 3D a programadores, sonorización, música, fotogrametría, etc.

  Ellos tienen su propio mundo de clientes propios pero, cuando les llamamos, se unen al equipo y forman el *dream team* del proyecto. Son los mejores en cosas concretas. Cada uno de los miembros de este equipo es presentado al cliente para poner en valor su trabajo y por motivos de transparencia.

  Sería algo así como la película *Ocean 's Eleven,* donde el jefe va a dar un golpe a un banco y llama a los mejores en diferentes áreas. Cada uno está en una zona del mundo y acude porque sabe que habrá emoción y aventura y también buena facturación. No es un golpe, pero sí algo excitante.
- **Círculo Mayor.** Cuando el proyecto tiene una envergadura que nos supera, lo aceptamos. No pretendemos aparentar

lo que no somos, por lo que tenemos un tercer círculo de colaboración en el que empresas muy grandes y reputadas de tecnología, marketing, publicidad o eventos nos ayudan para generar un equipo perfecto en velocidad y grandeza. Ellos captan un proyecto superinnovador con nosotros y nosotros tenemos un aliado que hace de hermano mayor y que respeta la procedencia del cliente.

De esta forma fuimos evolucionando en aquel 2018 gracias a la aplicación de esta manera de actuar a mayor escala. Ya no se trataba de proyectos de marketing virtual para un evento o un experimento de I+D para una empresa del IBEX, sino que habíamos dado un paso de gigante y todo empezaba a cambiar; las marcas veían estos mundos virtuales como «la próxima gran cosa» *(the next big thing)*.

Facebook ya iba encontrado su sitio con las nuevas Oculus Rift (PC) y Oculus Quest 1 (Stand Alone), que eran, por fin, un dispositivo con 6 grados de libertad (permitían moverse en un espacio virtual libremente), sin cables, que marcaría un antes y un después en los fabricantes y el inicio del *mainstream* en lo virtual. Algo estaba cambiando.

PlayStation ya había lanzado sus propias gafas virtuales en 2016 y para 2018 tenía millones de unidades vendidas. Sin duda iba ganando esta carrera. Se nos ocurrió crear un proyecto enorme para ese tipo de gafas: Legends of Catalonia, publicidad encubierta a través de videojuegos *(advergaming)* con una planificación imposible que puso al límite toda la estructura.

La idea era crear una gran campaña de publicidad virtual centrada en la experiencia que ofrecía este nuevo medio y lanzarla en tres mercados principalmente, EE. UU., Reino Unido y Japón, aunque se hiciera también en unos 42 países a la vez y en varios idiomas.

El proyecto contenía todo lo que en aquel momento estaba al límite de la innovación: un juego en PlayStation VR de 1 h de duración, una aplicación de realidad aumentada y una campaña en medios utilizando formatos inmersivos de todo tipo que incluía vídeos en las pantallas de Times Square durante varias semanas, en Piccadilly Circus o en Tokio. Sin duda, era lo más grande a lo que nos habíamos enfrentado y el riesgo, enorme.

Inmediatamente hicimos un equipo liderado por Virtual Voyagers (Rober, *Jota* y yo en la dirección), aunque realmente todos estuvimos implicados en las tareas.

No había mucho tiempo, apenas cuatro meses para hacer un videojuego que realmente era un *advergaming* para atraer a turistas a Cataluña. El concepto era llevar a los usuarios a un lugar real de la geografía catalana y adornarlo con una capa de fantasía, como el dragón de Sant Jordi, los elefantes de Dalí, etc., para que, una vez vivida la aventura, el visitante descubriera que mucho de lo visto en la experiencia existía de verdad, no era fantasía. Se trataba de lugares que se podían visitar. Finalmente, una vez superadas todas las fases del juego, aparecía una pieza inmersiva que llevaba de viaje a la Cataluña real y recorría esos lugares de ensueño pero ya sin esa capa fantástica, mostrando la parte turística.

Imagina la reacción de un neoyorquino, un angelino, un londinense o un tokiota. Seguramente a muchos de ellos la palabra *Cataluña* les sonaría más a Narnia o a Oz que a un lugar que visitar. Y así fue: muchos descubrieron que esa tierra era mucho más que Barcelona (que, por otro lado, es perfectamente conocida internacionalmente).

El desarrollo fue intenso. Cada mañana unas sesenta personas de medio mundo (Argentina, Colombia, Reino Unido, EE. UU., etc.) nos reuníamos en modo *hackathon* —una reunión de programadores para realizar desarrollos colaborativos y resolver un objetivo definido en los que se genera *software* libre— dentro de la herramienta de colaboración y el chat Discord. En paralelo íbamos avanzando en labores de guion y arte e incluso anticipando programación desde el día 0. Era un proceso anómalo debido al poco tiempo del que disponíamos hasta el lanzamiento: en noviembre todo el proyecto tenía que estar terminado y, lo más importante, publicado en la tienda de PlayStation VR.

Ahí teníamos un problema porque solo había un tiro. En septiembre teníamos que subir a la plataforma el proyecto y, si había un solo problema de publicación, la campaña de millones de euros que había alrededor de este proyecto se iría al traste. La presión era tremenda.

Para ello contratamos una empresa que iba supervisando los avances y así nos asegurábamos de que cumplíamos los estándares de Sony a la hora de la publicación. También la propia Sony colaboraba desde España dándonos soporte para dudas posibles, pero no aseguraban un *OK* final si algo estaba mal.

Las semanas iban avanzando. El proyecto incluía, además, de todo: desde capturas de movimientos de actores hasta escaneo de famosos catalanes (como Puyol, los hermanos Roca o Edurne Pasaban) y de lugares turísticos en 3D con drones, rodajes, banda sonora propia, animaciones de dragones, elefantes, peces, mariposas, etc. Era muy ambicioso, pero teníamos que lograrlo; estaban con nosotros los mejores.

Gran parte del trabajo consistía en solucionar bloqueos. Cuando algo no funcionaba, directamente habilitábamos una vía opcional y, si funcionaba, no dudábamos: al plan B de cabeza. De esa forma, poco a poco fuimos montando todo el proyecto y el cliente pudo ver una primera versión, que le impresionó mucho.

El flujo de caja funcionaba. Ese banco interno que habíamos proyectado años atrás nos permitía pagar a todos en tiempo y asumir ciertos riesgos con porcentajes que estaban en el presupuesto. Teníamos un Excel del proyecto que se iba actualizando regularmente con el coste de cada colaborador, sus gastos, los beneficios del equipo central y los porcentajes de riesgo de cada entregable. Todo estaba funcionando a las mil maravillas, ganábamos en eficiencia que se veía reflejada en el Excel y premiábamos al que lograba ese hito con un extra.

Cuando apenas quedaban unas semanas para la subida a la tienda digital, la cosa se complicó y un proyecto que teníamos previamente aprobado en Filipinas se coló por medio. Tuvimos que dividirnos: por un lado, los equipos que seguían con su rutina; por otro, Cristian y yo en medio de una selva Filipina haciendo un proyecto en formato virtual sobre volcanes, tifones y tsunamis y a la vez trabajando en remoto en el proyecto de turismo desde un hotel colonial en el que apenas llegaba la cobertura y con una sala de ensayos de grupos de rock filipinos al lado de la habitación. Era todo un poema, pero es nuestro mundo; nos gusta el riesgo y la aventura.

Finalmente logramos terminar allí en Filipinas, aunque no sin mil anécdotas, como cuando una pandilla de mafiosos nos pidieron un soborno —lo bueno es que era apenas 1 dólar— por ir a una cascada de un parque natural. Creo que les costó más hacerse los malotes que el precio que exigieron para dejarnos ir. O cuando aparecíamos en poblados de la selva donde apenas habían visto a una persona blanca en su vida y nos enseñaban cromos de Vanilla Ice (¡cantante y banda de la década de 1980!) y nos preguntaban si éramos nosotros los de la foto. Nos seguían como si fuéramos estrellas de rock; incluso se corrió la voz por el pueblo y todos los dependientes querían atendernos porque éramos exóticos.

La aventura es así; es lo que hace que volvamos a caer siempre en ir más allá con el riesgo que supone, pero al final todo siempre se alinea.

En la última semana de trabajo todo estaba ya terminado en cuanto a visual e interacción y parecía que íbamos a llegar, pero faltaba la fase más peligrosa: el rendimiento. Teníamos que lograr que la PlayStation moviera con soltura nuestro proyecto, un solo *frame* por segundo menos de los que se establecía como base y saltarían las alarmas de Sony, que nos tiraría la subida a la tienda.

Aún recuerdo aquellas sesiones con el equipo mejorando rendimiento mientras *Jota* y yo en su casa íbamos integrando todo y lanzando pruebas. Había partes que iban muy fluidas, pero otras necesitaban ajustes. Poco a poco fuimos lográndolo hasta alcanzar la cifra mágica de 90 fps (imágenes por segundo) estables en todo el proyecto. ¡Hurra! ¡Lo tenemos!

Roberto hizo la gestión de subida con PlayStation Japón y cruzamos los dedos. Pasaban los días y no teníamos noticias;

la tensión era máxima. La agencia de medios nos llamaba para asegurarse de que todo iba a estar a tiempo para el lanzamiento, la informábamos en tiempo real y recurríamos siempre a la frase mágica: «Confiad, que llegamos», aunque, sinceramente, no las teníamos todas con nosotros.

Semanas después estaba en Tenerife dando una charla y justo ese día nos aprobaron la publicación. Pude dar la buena noticia a todos los presentes, que lo celebraron conmigo. Era algo imposible: en apenas cuatro meses habíamos terminado un *advergaming* de 1 h 30 min de duración, una aplicación de realidad aumentada que lanzaba puertas mágicas a Cataluña, una campaña de medios completa con todos los formatos realizados por nosotros mismos y encima habíamos gestionado el evento de lanzamiento con todas las autoridades y empresas colaboradoras.

La campaña se lanzó en 42 países y obtuvo unos números tremendos, llegando a seiscientas mil descargas del videojuego VR, millones de visualizaciones de los formatos publicitarios inmersivos y subidas del 400 % en las visitas a las páginas de turismo. Luego llegaron los premios, nacionales, internacionales, de creatividad, de turismo, de innovación... ¡Una auténtica locura! Pero allí estábamos una vez más: el modelo funcionaba y era de éxito.

Legends of Catalonia, PlayStation VR.

Pero el éxito es un arma de doble filo, algo que en mi carrera ha estado presente casi siempre por puro trabajo constante, por cabezonería de hacer y hacer, siempre avanzando, siempre inventando, y eso al final llega a quien te da ese premio, ese reconocimiento, o a quien te llama para esa entrevista que sale en televisión o en la radio.

El éxito no es algo amable y está demasiado mitificado. Resulta duro, muy duro. De repente, el teléfono no para de sonar, tienes que atender a demasiada gente e intentar no parecer un maleducado cuando ya has tenido tres llamadas hace unas horas para hablar del mismo tema. El calendario se llena cada 30 min con alguna nueva reunión y todo el mundo quiere prioridad. Cuanto más influyente es la persona interesada, menos te puedes permitir decirle que no tienes ese hueco, que simplemente debes ir a comprar el pan u otras cosas, como irte de vacaciones con la familia, como la gente normal.

La llamada que entra puede ser algo interesante, pero en torno al 30 % se trata de gente que quiere aprovecharse de un modo u otro de ese éxito basado en un trabajo duro; auténticos vampiros que huelen cuándo algo va bien y son expertos en sacar la sangre te rodean a ti y a tu equipo. Esa es la peor parte, porque llega un momento en el que es imposible de gestionar, saber quién es el vampiro y quién es el humano, y termina volviéndote loco. Ves letras pequeñas por todos lados, que están ahí, en esos contratos, y, efectivamente, intentan atarte como sea. Su vida es esa, viven de ello y tienes que estar atento porque pueden acorralarte.

El éxito también trae dinero, pero hay que aprender a gestionarlo y saber que está ahí para vivir con calma, dormir bien y anticipar imprevistos, no para excesos, porque estos no tienen fin y pueden dejarte sin nada en apenas unos años. El autocontrol resulta clave, y así se lo enseñé al equipo cuando empezó a manejar grandes presupuestos y ganancias. No todos supieron gestionarlo mentalmente y alguno tuvo que entenderlo cuando su presupuesto se evaporó en apenas unos meses, pero luego tras la caída vino el entendimiento y la contención.

Te invitan a charlas, a radios, a blogs, a televisiones; no paras de salir en todos lados, y eso genera una adicción rara: por un lado, es algo para lo que viniste a jugar y te llena, pero, por otro, ese no eres tú, no eres tan extrovertido. ¿Qué haces ahí gastando tiempo si tenemos que seguir inventando cosas? Tal vez es momento de pararlo y dejarlo todo un tiempo, pero la siguiente llamada está ahí, a escasos minutos, y tendrá otra propuesta interesante para contar nuestro mundo virtual a todos. Es como un bucle infinito, y quizás nacimos para estar ahí, pero siempre tendrá esa parte negativa de agobio y de responsabilidad.

Hablar delante de mil personas no es fácil. Subes al escenario y haces tu rito para decirte: «Tranquilo, todo va a salir bien». En mi caso siempre toco el hombro donde tengo el tatuaje del Ave Fénix japonés; me funciona, me calma. Una vez que estás arriba, empieza el *show*. Cuento nuestras aventuras y nuestros proyectos. No hay guion, todo va saliendo de cabeza, cada vez va siendo más intuitivo, más directo, sin pose, sin frases hechas; solo contar lo que hacemos y lo que nos gusta. Eso se va transmitiendo y la gente entiende que no es un PowerPoint más, sino algo visceral, y así lo siente el público. A veces incluso he llegado a soltar una lagrimilla por alguna cosa real que estoy contando que me afecta. Tiene que ser así, auténtico: tal y como lo vivimos, lo contamos.

Cuando terminas, todo explota: los contactos, los apretones de manos, los correos posteriores, gente que dice que quiere cambiar su vida para lanzarse a la aventura como nosotros y avisas de que eso es solo para entrenados en la selva, que tenga mucho cuidado. Es toda una responsabilidad que alguien te diga eso, pero es muy habitual. No sé aún por qué ocurre; simplemente pasa, y en cada charla se repite. Tal vez tenga algo de cuando era pequeño, algo salvaje de aquel infierno que se transmite en las charlas y hace que la gente lo vea como algo más trascendental de lo que es.

Cada poco tiempo hay que parar esta velocidad porque afecta al equipo, genera hastío de sobreexposición, ya que todos estamos en esa vorágine informativa. Nos tomamos unos meses de tranquilidad, incluso desacelerando la propia estructura. Vamos parando proyectos, inventos, reuniones; nos damos unos meses de relax y a la siguiente ola estamos ya listos para el *rock 'n' roll.*

Lo más importante es la psicología y la ética, saber que cada movimiento que hacemos en esta noria del éxito ha sido consensuado por todos para ir en una dirección positiva, para evitar que nos desviemos hacia la autoindulgencia o la parte oscura de la mente. Vamos hablando cada poco tiempo de lo que sentimos o de lo que nos agobia; así podemos entrar en acción y recolocar aquello que puede ser peligroso para algún miembro del equipo.

En 2019, mientras seguíamos con nuestros proyectos virtuales (realidad virtual, aumentada o mixta, web3D o vídeo 360°), y ya habíamos trabajado en unos doscientos para ochenta marcas, notamos que algo estaba pasando en el sector; no terminaba de despegar como estaba previsto, faltaba algo.

Desde el inicio de la ola virtual pensábamos que el mercado iba a girar en torno a los contenidos, que el usuario iba a descargar aplicaciones de videojuegos, experiencias, viajes o películas virtuales y que, cuando las gafas fueran más baratas, todo esto se iba a disparar y llegaría a ser más popular que el cine o la televisión, pero no estaba pasando esto. Sí había una evolución lenta (del 10 % anual) y la calidad de los visores resultaba cada vez mejor, pero no bastaba para que las grandes inversiones miraran hacia nuestra industria. Siempre estábamos en ese nicho pequeño de los que se lanzaban a experimentar más allá del móvil o las videoconsolas comprando algún dispositivo virtual. Pero ¡menudo nicho! A estas alturas ya era un sector que podría estar facturando perfectamente más de 1 billón de dólares a nivel mundial entre pequeñas empresas como nosotros, unos trabajando para marcas, otros con producto propio y otros creando videojuegos, sobre todo.

Todo este ámbito estaba ya muy saneado, cada compañía tenía su propio nicho pequeño: publicidad, formación, videojuegos, experiencias, ferias, deporte, etc. Nos llevábamos todos bien, ya no había esa ultracompetitividad tóxica de los años 2016 y 2017, cuando apareció el vídeo 360º y con ello cientos de empresas «de quita y pon»; incluso colaborábamos entre nosotros cuando había alguna oportunidad de hacer que todo esto se disparase, siempre intentando avanzar más allá de esos pequeños pasos que todos veíamos.

Esta época fue de tranquilidad y profesionalización, de asumir que el sector iba a ir con calma pero con buen pie, ya que los proyectos no paraban de salir y las tecnologías iban mejorando cada poco tiempo.

Uno de los avances más significativos y que marcaría el inicio del metaverso mixto (real y virtual a la vez) por el que Apple apostaría más adelante fue la llegada del dispositivo Magic Leap, unas gafas creadas en Miami (EE. UU.) por Rony Abovitz que prometían mucho en su planteamiento inicial: poder ver elementos virtuales sincronizados con el mundo real e incluso que ambos mundos interactuasen.

Su funcionamiento teórico era increíble: las gafas tenían unas camaritas que escaneaban el entorno en el que nos movíamos, generaban un mapa 3D (una especie de nube de puntos del mundo real) y, gracias a esa información, se dibujaba el contenido en los cristales transparentes que poseían mediante fotones controlados por el miniordenador que llevaban conectado con un cable. Así creaban el efecto mágico de ver contenido virtual sobre el mundo real. Era el inicio de un gran camino que Microsoft ya había iniciado pero que estaba aún lejos de ser sorprendente. Sin embargo, esto sí lo parecía y los vídeos así lo indicaban.

La idea nos gustó tanto que nos juntamos para analizar el primer SDK (librería de programación para crear contenido) lanzado al mercado durante una conferencia que ofrecieron en directo. Lanzaron las gafas meses después, pero ese código ya nos permitió entender de qué se trataba todo esto y simularlo en un PC.

Cuando habilitaron la página para la descarga del archivo, en apenas unas horas teníamos ya un proyecto simulado utilizando la tecnología de Magic Leap. Lo publicamos en Twitter y hasta el propio CEO se sorprendió de la rapidez. En pocas horas estábamos en varios medios como la primera empresa que había iniciado test de creación basándose en el SDK publicado, lo que nos dio una gran notoriedad instantánea.

El día D se acercaba, el dispositivo estaría disponible en algunas ciudades de EE. UU., entre ellas Miami. Evidentemente a España esto llegaría mucho más adelante, pero no podíamos esperar, había que ir a por ellas. En nuestra estructura ultraágil no hay departamento de compras, por lo que juntos vamos viendo dónde invertir o gastar el dinero.

Acordamos traernos varias gafas para empezar a experimentar, pero, como todo, tenía su parte de aventura. Las Magic Leap solo se vendían a desarrolladores de EE. UU.: una persona te acercaba el dispositivo a tu oficina y te daba la bienvenida a este nuevo universo virtual de forma oficial.

Tirando de contactos en EE. UU., Roberto consiguió cumplir todos los requisitos anteriores y cerramos la entrega en Miami. Cada uno puso parte del billete de ida y vuelta y el dinero para las gafas. No había miedo; todo por estar en lo último y seguir nuestra aventura virtual.

Una vez que se consiguieron los dispositivos, Roberto nos mandó una foto e hicimos la ola nada más recibirla. Ya solo quedaba que volviera a España para probar las gafas, y lo hizo a lo grande: vestido de unicornio azul y saliendo por la puerta de Barajas con las gafas puestas. La gente no entendía nada, ¿era una despedida de soltero?, ¿qué es eso que llevaba en la cabeza? Esto lo dejamos plasmado en un vídeo con el *youtuber* más famoso del mundo virtual, Jugón Virtual. Sabíamos que era algo grande y somos como niños con juguetes nuevos; es nuestra forma de actuar, hay que dejarla ser.

Roberto en el aeropuerto Adolfo Suárez de Madrid
con el primer prototipo de Magic Leap.

«El pájaro está en el nido».

Otra de las aventuras más locas en aquella época fue para un proyecto con Acciona donde María brilló con la gestión de crisis más bestia que recuerdo en años.

El proyecto era muy ambicioso: virtualizar en un documental (imagen real y 3D) todo lo que Acciona (empresa de grandes infraestructuras) estaba haciendo por el mundo para luego mostrarlo en un evento con 350 asistentes, desde periodistas hasta accionistas, quienes verían el documental de forma sincronizada mediante 350 Oculus conectadas por wifi. Aceptamos el reto.

Teníamos un proveedor de Holanda que disponía de todas esas gafas y había realizado eventos similares en Qatar, aunque con muchos menos asistentes. El proyecto nos llevó a viajar por tres continentes de forma simultánea durante una semana: un equipo en América, otro en Europa y otro en Asia.

La aventura comenzó ya en el propio aeropuerto de ciudad de México, donde alguien me robó 4000 euros de material en el mismo avión (portátil y *tablet* profesional). Por suerte era de Apple, por lo que activé la geolocalización del dispositivo y, una vez que detectó la ubicación, consultamos con la aerolínea para denunciarlo e ir a por ellos con la Policía. Pero imagina cómo sería el barrio de ciudad de México donde marcaba el GPS, que la propia aerolínea nos dijo que mejor diéramos por perdido todo porque allí no se metería ni la Policía.

Pero la vida sigue; lo material es parte del viaje y a veces pasan estas cosas. No hay que pensar en ello y seguir. De allí pasamos a viajar al desierto de Sonora tras horas de viaje donde apenas se veían pueblos o gasolineras. Llegamos al lugar de rodaje y toma de referencias 3D. Era un enorme campo de paneles solares, uno de los más grandes del mundo. Una vez allí nos dieron una charla de seguridad. Básicamente era un PowerPoint con animales que podían matarnos en apenas unos minutos: serpientes, escorpiones, arañas, etc. La cosa se ponía peligrosa, pero nos dieron unos pantalones blindados antimordeduras que en ningún momento nos quitábamos mientras hacíamos nuestro trabajo.

Uno de los jefes de seguridad del proyecto, que se conocía bien la zona, nos llevó a una playa secreta impresionante donde capturamos gran parte del material virtual. Era un paraíso formado por dunas, cactus y rocas con formas alucinantes con una pequeña playa donde se avistaban delfines y ballenas a simple vista. El espectáculo era tremendo y había que llevar todo esto al espectador; para esto nació en parte el viaje virtual.

Los países iban llegando día tras día: Canadá, Qatar, Noruega... Varios equipos coordinados íbamos trabajando en remoto mientras todo el material se subía a la nube y montábamos la pieza final. Apenas había tiempo, pero sabíamos que todo iba a quedar impresionante. Los lugares que visitábamos daban juego y mostraban un mundo de proyectos de ingeniería faraónicos, que era lo que queríamos captar.

Tuvimos tormentas de arena en Qatar y Canadá a la vez, vimos alces, nos perdimos por los caminos de la Columbia Británica y terminamos comiendo en la casa rural de un auténtico vaquero que se apiadó de nosotros. Esto es la vida, lo que nos da energía: la aventura tecnológica y humana.

Cuando terminamos la pieza virtual, la mostramos al cliente y le encantó. Captaba perfectamente la esencia de su mundo, del gran proyecto. Era épica, apabullante; te quedabas pequeño cuando ingresabas en ese mundo de gran escala, y esa era la intención.

Cuando empezó la preparación del evento, estaba todo muy atado. Los holandeses llegaron con las 350 gafas, nosotros con la pieza terminada y solo faltaba unir cabos para el gran *show*. Pero algo pasó: como tantas veces en nuestra carrera, el destino nos tenía preparada una aventura más para ser recordada y contada como una de nuestras batallitas.

Hicimos la primera prueba de test con todas las gafas puestas en las butacas y todo parecía ir más o menos bien. Alguna fallaba por temas de batería o configuración, pero bien. Estaba todo en orden, todo dentro de lo esperado.

El problema vino cuando dentro del teatro la empresa de eventos instaló todos los elementos del escenario (pantallas, sonido, luces, etc.) y necesitaba una potente wifi que traía consigo, lo que generó un efecto de saturación de canales y rebote de señal que hizo que en la segunda prueba el 80 % de las gafas no funcionaran. Se había caído prácticamente todo el sistema y no había forma de solucionarlo: o escenario o gafas; ambos era prácticamente imposible que coexistieran a la vez.

Las horas empezaron a pasar muy deprisa. Apenas teníamos 12 h para solucionar el problema. El cliente, viendo que era un asunto de causa mayor (saturación de red), optó por quedarse con el equipo para solucionarlo conjuntamente. No se buscaron culpables; simplemente era un bache y había que solucionarlo.

Tras unas horas se detectó el problema de los canales saturados y se intentaron mil maneras de evitar el conflicto, pero parecía imposible, hasta que alguien a altas horas de la noche dijo: «Tenemos que llamar a *Bruce Willis* (nombre inventado, ya que no recuerdo cuál era)», y como buen héroe que salva el mundo, a última hora apareció un señor enorme con camisa azul un tanto destartalada con dos maletas. Se presentó diciendo: «Aquí están mis chiquitines». Y, efectivamente, dentro había unos *routers* con forma de cono.

Era, según parece, un genio de las redes, una especie de *hacker* famoso por solucionar cualquier problema. Y allí estaba él con su miniordenador haciendo bromas mientras todos conteníamos el aliento. Quedaban apenas 8 h para el evento y aquello aún no funcionaba.

Al rato alzó la cabeza y dijo: «Vamos a probar». Al momento, María, sus ayudantes, la gente de Acciona y yo nos dispusimos a hacer una última prueba. Si aquello no funcionaba, íbamos a tener problemas. Pero funcionó a la perfección. Había conseguido crear un pasillo lateral para las 350 gafas y ya no entraba en conflicto con las wifis del escenario. Pura magia de *Bruce Willis* en el último segundo.

Cuando apenas quedaban ya 4 h para el evento, solo habíamos podido hacer una prueba. Todo había funcionado, pero no sabíamos si una segunda vez lo haría. Por ello dejamos al cliente decidir y Daniel, de Acciona, que confiaba plenamente en nosotros, dijo: «¡Venga, nos la jugamos! Creo que va a ir todo estupendamente».

La gente entró por la puerta y se fue sentando en las butacas. Cada butaca tenía unas gafas y enfrente una gran pantalla de unos 12 m de ancho mostraba la presentación de Acciona. El presidente dijo unas palabras, se giró e invitó a todos a viajar por el mundo con Acciona.

Inmediatamente las 350 personas se pusieron las gafas y una música empezó a sonar con el fondo en negro. Aquí es cuando el corazón se nos puso a cien. Si todos giraban la cabeza a la vez, es que estaban viéndolo, es que había funcionado todo.

Del negro pasamos a las primeras escenas. Estaban volando en el universo y veían la tierra de fondo. Empezaron a girar las cabezas, 100, 200, 350, todos.

Poco a poco iban viajando por los proyectos en Qatar, en Noruega, en Canadá, en México, en España... La música iba subiendo de intensidad. Estaban disfrutando de un increíble viaje. Tras unos 15 min el documental terminó. Aplaudieron con cara de asombro por lo vivido e incluso algunos se levantaron para mostrar su agradecimiento. Y Daniel nos dijo por el *walkie talkie*: «¡Chicos, buen trabajo! ¡Lo hicimos!».

350 Oculus sincronizadas y viajando por medio mundo.

Nunca se sabe cuándo vas a dejar de tener suerte. Tal vez siempre haya una aventura así en cada proyecto por mínimo que sea, pero sin duda estos grandes momentos son los que hacen que avancemos. Habíamos creado el mayor evento hasta la fecha de visualización simultánea virtual y lo habíamos conseguido. Estábamos vivos una vez más.

Siguieron los proyectos virtuales, de realidad aumentada y web3D. Y entonces llegó la pandemia por la COVID-19, que hizo que todo el mundo se tambaleara y que actualmente aún nos afecta con sus últimos coletazos —o eso creemos—, y todo cambió. Pero todo se recondujo de nuevo; el metaverso estaba a punto de aparecer en nuestras vidas. Era algo que llevábamos buscando años, y una de las mayores catástrofes de la historia hizo que necesitáramos dar un salto en cuanto a Internet: pasar de un Internet plano a otro presencial donde pudiéramos desarrollar actividades que, debido a las restricciones de la pandemia, no podíamos hacer.

El metaverso llamó a nuestra puerta por primera vez.

━━ «La combinación real y virtual posibilitará la aparición de muchos espectáculos donde la limitación está más en la imaginación que en la capacidad técnica, ya que prácticamente todo será posible». ━━

Año 2035

El metaverso ya es una realidad. Lo que inicialmente era una evolución del Internet 2D ahora se utiliza para prácticamente todas las tareas del ser humano que puedan ser digitalizadas y virtualizadas, por ejemplo, el ocio.

El ocio siempre estuvo ligado a actividades que se realizan en el terreno físico, como ir a un concierto, a un teatro o a un parque temático. Este último sector fue el que hizo elevar este nuevo mundo a cotas inimaginables cuando Disney lanzó en 2030 los primeros parques temáticos mixtos.

El concepto no era nuevo; en parte, la realidad aumentada ya había alcanzado la fama con juegos como Pokémon GO, que movilizó a millones de usuarios a viajar por medio mundo capturando esos pequeños seres. Pero esto era otro nivel, pues ya no se veía con un simple móvil; ahora era posible disfrutar del parque Disney de Los Ángeles a través de una capa virtual que casaba a la perfección con el parque antiguo, el de toda la vida que se construyó en 1955.

Los visitantes recibían al entrar unas gafas ligeras conectadas con 6G a la nube y ahí empezaba la magia. Todos los personajes de Disney estaban allí interactuando con los niños, a quienes juntaban para hacer una misión, cantar o bailar. De repente, Dumbo salía volando del castillo real y dibujaba la silueta de Mickey en el cielo. Todo el parque miraba el espectáculo; aquello parecía estar vivo. No era un animatrónico ni una proyección; parecía estar vivo.

Esta nueva ola de metaversos mixtos se fue extendiendo a otros sectores, como el de los conciertos o los teatros, donde era tan importante tanto el aspecto físico (actores y *atrezzo*) como el virtual, que dotaba a todo de una capa de magia haciendo que los espectadores entraran en un nuevo mundo de ocio y diversión inigualable.

Esta combinación real y virtual ha posibilitado la aparición de muchos espectáculos donde la limitación está más en la imaginación de pensarlos y guionizarlos que en la capacidad técnica, ya que prácticamente todo es posible.

Podemos ir a ver una representación de *El lago de los cisnes* donde todos los bailarines y bailarinas están flotando sobre el agua virtual, adentrándose en palacios o bosques, para luego pasar a la escena donde aparece el cisne negro, que, esta vez sí, ya no es una persona, sino un personaje 100 % digital con movimientos sincronizados con el protagonista. Es algo nuevo que lo cambió todo.

Estos nuevos negocios harán que muchos sectores se reimaginen en el futuro, lo que resultará positivo ya que cada cambio trae un equilibrio nuevo de riquezas y liderazgo y a gente que se esforzará por salir de lo ya conocido y explorar estos nuevos mundos virtuales de forma creativa.

Para ello es imprescindible tener una mentalidad abierta al cambio, girar como un pez en el agua dentro de este mar de tecnologías que se nos abre a corto plazo. Nosotros lo hicimos, sobrevivimos a ello desde los inicios, siempre manteniéndonos en ese lugar de color fuera del gris en el que la sociedad trata de situarnos para que nada cambie.

De pequeño aprendí que la zona de color es donde ocurren los sueños, donde aquel descapotable que dije a mi madre que algún día tendría apareció, pero yo ya era diferente. Apenas me duró unos años porque me di cuenta de que el descapotable era más un camino que un fin.

Lo vendí.

– 4. LA ESPIRAL –

━━ «Todo gira en torno a una espiral infinita, desde una enorme galaxia hasta la forma de un girasol. Cuando logramos seguir su ritmo y colocamos nuestras piezas en el orden adecuado, encontramos nuestro lugar y empieza el baile de verdad». ━━

■■■ El metaverso llamó a nuestra puerta por primera vez en 2020. Era una palabra que ya habíamos escuchado mil y una veces pero siempre nos pareció demasiado ambiciosa, casi cercana a la ciencia ficción futurista o distópica más que a la realidad de lo que estábamos construyendo.

En aquel momento Facebook estaba planeando algo grande. Se veía sobre todo por la actividad de los colegas que teníamos en LinkedIn, que se movían de un departamento de redes sociales a otro de tecnologías inmersivas, VR, AR, etc. Se creaban laboratorios nuevos situados en medio mundo, se compartían vídeos de experimentos virtuales o, de nuevo, *hardware* en redes sociales. Zuckerberg estaba entusiasmado cuando presentaba las novedades de esta nueva área. Algo pasaba allí y no sabíamos qué era.

Hacía poco que ya había iniciado la construcción de su mundo virtual, de forma un tanto extraña, dentro del mundo virtual de Oculus.

Primero se podía crear una habitación propia y amueblarla con algunos *items* que se iban ganando mientras se jugaba a los contenidos de su tienda digital. Luego ese pequeño lugar se convirtió en social: ya se podía invitar a amigos a la habitación, lo que apenas tenía sentido más allá de enseñarle la decoración.

Lo siguiente fue Venues, una especie de anfiteatro donde se podían ver grabaciones de vídeo en 180º junto a otras personas. Esto sí estaba mejor; era el inicio de algo social, ya no basado en aplicaciones de la tienda, pues aquí se podía asistir a eventos en vivo y conectar con otros. Este lugar creo que fue la semilla del cambio para Facebook, que vio su potencial.

La palabra *metaverso* apenas sonaba en aquel momento; era como decir *Matrix,* ese lugar de ciencia ficción donde los humanos tenían una doble vida. Se trataba de algo demasiado friki, incluso para los frikis que nos dedicábamos a todo esto.

El teléfono sonó en algún momento de mediados de 2020. Era Cristian desde EE. UU. Había un posible proyecto junto a Supersphere, empresa con sede en Los Ángeles, California, que emitía los conciertos en vídeo 180° de Venues y Facebook. Estos últimos pretendían dar un salto a lo virtual en los conciertos que estaban ofreciendo. La pandemia había parado todas las giras «reales» y creían que era el momento de montar algo 100 % virtual como ya estaba haciendo el videojuego Fortnite con gran éxito.

No nos dieron mucha más información; todo parecía que giraba en torno a un evento donde se iban a presentar las novedades de Facebook en cuanto a mundos sociales virtuales (metaversos). El primero sería un espectáculo con Jaden Smith, el hijo de Will Smith.

Empezamos a analizar por teléfono ideas que podíamos presentar para ese proyecto. La misión era desarrollar un creador de mundos virtuales relacionados con conciertos y espectáculos, totalmente editables, para que después los artistas pudieran crear cualquier escenografía, y emitirlo en directo; todo en 3D, todo en tiempo real de cara a los usuarios, quienes estarían representados por avatares.

Hicimos un pequeño esquema de este nuevo mundo virtual. Por un lado, requería un *software* que permitiera editar, desde el PC, la escenografía 3D y diseñar, como el que diseña un espectáculo real colocando focos, *atrezzo* o pantallas en un escenario vacío, y luego todo esto se tendría que poder previsualizar en unas gafas virtuales viendo el resultado en tiempo real.

Aparte estaría la conexión con Venues, entorno que cargaría todo ese espectáculo y lo emitiría en directo a todo el mundo con una edición en tiempo real de focos, efectos especiales y cambio de escenarios según la canción o el momento del espectáculo. Resultaba una locura que les encantó y nos propusieron una prueba de concepto para ver la viabilidad de este proyecto.

Nos pusimos manos a la obra. Supersphere montó todo el tinglado de cámaras para capturar a los artistas, *streamings* con *routers* 5G de baja latencia y gestión con los artistas que iban a ir entrando en la nueva plataforma. En este caso, aparte de Smith (que inauguraba el proyecto), eran el *DJ* y productor estadouniense-japonés Steve Aoki y el grupo de música electrónica y *deep house* Major Lazer; ambos serían los pioneros que irían después si todo salía bien.

Por nuestra parte, en Virtual Voyagers hicimos un equipo propio, un *dream team* de escándalo. Contamos con Luca Mefisto (actualmente en Meta), *Jota* y Edu a los controles técnicos y yo mismo en la parte creativa. También colaboraban con nosotros algunos estudios de EE. UU., que iban a generar recursos (*assets*) 3D. Teníamos apenas unas semanas para demostrar que todo funcionaba y tenía sentido.

Para ello diseñamos un escenario de conciertos básico que nos permitía, desde un primer prototipo, mover elementos (altavoces, instrumentos musicales y pantallas) por toda la superficie. Podíamos situarlos donde quisiéramos y luego incluir *streamings* en directo de personas bailando grabadas en croma verde. De esta forma logramos hacer un concierto al estilo de Daft Punk en apenas un día utilizando solamente las herramientas con las que habíamos dotado al *software*.

Invitamos a los directores del proyecto en Facebook a un minimetaverso que hicimos para la ocasión donde solo existía este concierto en un área de unos 100 m². Todo iba ocurriendo en tiempo real; el *software* lo editaba. Ellos entraron como avatares y su primera reacción fue exclamar: «¡Esto es jodidamente impresionante!» *(This is fucking awesome!)*. Después nos hicieron mil preguntas y el *OK* a la continuación del proyecto fue inmediato.

Teníamos apenas unos tres meses para terminarlo todo, por lo que optamos por hacer de nuevo un *hackaton* de los nuestros, de esos en los que apenas levantamos la cabeza del ordenador, para lograr otro pasito más en nuestro camino hacia el metaverso.

La coordinación EE. UU.-España funcionaba a las mil maravillas y Lucas, el CEO de Supersphere, nos dejaba proponer cosas siempre que tuvieran sentido. Nosotros, que somos muy propensos a meternos en jardines complicados, conseguimos avances como poder controlar todos los focos del concierto virtual desde una mesa de mezclas del mundo real. Esto era importante porque los artistas necesitaban que sus técnicos pudieran controlar todo lo que pasaba en su actuación pero sin tener que aprender un nuevo *software*. Lo logramos y quedaron maravillados.

Llegó el momento de crear la primera escenografía para Smith, que había pedido hacer su actuación en un desierto rodeado por un arcoíris, un Cadillac rosa y un palé con 1 millón de dólares —ya sabes, el metaverso permite imaginar cualquier cosa—. Luego vinieron Aoki, que hacía su actuación en un platillo volante, y Lazer, que actuaba en un escenario clásico pero dominado por una enorme cabeza desde la que salían humo, chispas y fuego de colores.

Poco a poco fuimos terminando estos escenarios, junto al equipo internacional, y llegó el día del lanzamiento del evento donde se presentó todo, que además fue preámbulo del giro de Facebook a Meta y de la construcción de su metaverso.

En este evento Facebook mostró pinceladas de Horizon, el primer metaverso de Facebook, una ciudad en la que todos los usuarios de la plataforma se conectarán y podrán jugar, hacer deporte, asistir a conciertos e incluso construir sus propios mundos.

Los primeros conciertos sirvieron de test para ver sobre todo la reacción del público y el tiempo que se conectaba al espectáculo. Por sorpresa, aguantó todo el concierto, 1 h 30 min, y se demostró que, cuando uno está en un entorno virtual con los amigos, siente que es algo especial para uno mismo, lo que aumenta la sensación de presencia.

Después fueron llegando más conciertos, e incluso se planteó un trabajo más recurrente con Supersphere y Facebook, pero según nuestra filosofía el trabajo ya estaba hecho y habíamos logrado el hito propuesto. Teníamos que ir al siguiente reto; si no, nos convertiríamos en un producto, una *startup* que vive de una tecnología concreta, y eso no era nuestro cometido en todo esto. El camino tenía que seguir.

Concierto de Steve Aoki en Venues.

De repente estábamos en un momento dulce, trabajando con los más grandes, las notas de prensa no paraban de salir y hasta Facebook nos citó en sus eventos como una de las treinta mejores empresas para trabajar con marcas en su evento mundial.

En el plano personal empezaron a llegar los reconocimientos de altos vuelos, como el del Instituto Choiseul, que me incluyó en el *top* 20 de su lista de los 100 Economic Leaders For Tomorrow, lo que sonaba genial, pero, como bien dije, yo jamás había estudiado empresariales ni nada parecido; no obstante insistía y, bueno, siempre es halagador estar en estas cosas para luego contarlas de viejo a los nietos.

Llegó también otro susto de categoría de la mano de *Forbes,* que me nombró persona del día. Esto ya traspasaba todo tipo de lógica, pero insistía en que nos llevaba tiempo siguiendo la pista y tocaba. Esto abría nuevas puertas. Aparecer en *Forbes* me situaba en un estatus nuevo al que no estaba acostumbrado. Mi vida siempre había sido trabajar y trabajar, pero sin buscar el reconocimiento más allá de lo básico: las entregas y el trabajo con marcas (que traía algunos premios asociados a esos proyectos), referencias en prensa a nuestro trabajo y poco más. Pero aquí salía yo en la foto; increíble.

En estos momentos siempre hay que nivelar el ego, analizar y asimilar, porque puedes cambiar y volverte un auténtico gilipollas. Pero, como siempre, está ahí mi pasado para recordarme que los lugares más bajos existen y que no son muy diferentes a las altas esferas. También hay miserias arriba. Al final la vida sigue y todo es efímero. La euforia por el reconocimiento puede durar unos días, pero luego llega ese lunes en el que tienes que seguir con todo tu día a día y continuar trabajando en la ola.

El metaverso se estaba aproximando. Facebook aun no lo nombraba así, pero estaba a las puertas de anunciar su gran cambio. Algo estaba pasando en el mercado, pues de repente tecnologías que estaban dispersas empezaban a converger en una espiral exitosa. En este momento de 2020 teníamos:

- **La realidad virtual,** que ya había pasado a ser algo *mainstream* con decenas de millones de *headsets* en el mercado y subiendo.
- **La realidad aumentada,** presente en miles de millones de móviles en el mundo. Y había casos de éxito ya claros, como Pokémon GO, de Niantic, que había extendido el uso virtual por encima del mundo real a escala planetaria.
- **La realidad mixta,** que ya ofrecía sus primeros pinitos con gafas como Magic Leap y HoloLens, de Microsoft (en breve aparecerían las Nreal desde China, que se parecían ya más a unas Ray-Ban).
- **La web3D,** que con plataformas de edición como PlayCanvas permitía crear auténticas burradas en WebGL, muy cerca de la calidad ofrecida en videojuegos comerciales.
- **Las criptomonedas,** que ya movían cantidades ingentes de transacciones entre usuarios mediante la tecnología

blockchain, aunque seguían en un formato complejo para la gran mayoría.

- **El 5G,** que llevaba años intentando buscar su lugar ya que cualquier aplicación del mundo premetaverso funcionaba perfectamente bajo 4G, pero, gracias a las tecnologías inmersivas y su uso intensivo de datos y bajas latencias, empezaba a encontrar su camino, siendo Verizon, NTT y AT & T los más avanzados en su uso virtual. Todos estos avances se fueron mostrando en diversas ferias en EE. UU. en 2020 y marcaron el camino al Render Cloud bajo 5G, que más tarde llegaría a los dispositivos virtuales.

Y llegó la siguiente llamada relacionada. Esta vez era algo muy grande, un metaverso a gran escala para usuarios *mainstream* y de la mano de una de las operadoras *top* del mundo.

La llamada vino de Optiva, una empresa de TV digital, en la nube y *streaming* que trabajaba de manera recurrente para Grupo Vodafone. Cristina, su CEO, estaba buscando a alguien que supiera de estas tecnologías y dio con nosotros. Nos presentamos juntos a Vodafone y al poco tiempo estábamos concursando por el proyecto para construir uno de los primeros metaversos en España y en el mundo.

La competición era entre gigantes; grandes consultoras y empresas de contenido de TV optaban por conseguir el proyecto, pero finalmente fuimos nosotros (Virtual Voyagers y Optiva) los que nos llevamos el gato al agua. Creo que, sobre todo, porque ajustamos bastante la idea original a lo que en ese momento se podía hacer realmente, nada de futurismos.

El planteamiento que hicimos consistía en crear una isla virtual en la que había un parque temático donde los usuarios entraban como avatares de miles de formas y colores. Dentro podían recorrer seis zonas (cine, aventuras, conciertos, relax, juegos y viajes) y lanzar en cada una el contenido asociado para vivirlo junto a sus amigos.

Así de sencillo y directo, algo más orientado a ser un Netflix del metaverso, donde cuando llegara el fin de semana se pudieran invertir 1-2 h en ver el nuevo contenido que la marca ofrecía.

Para ello también planteamos la creación de una herramienta de edición que permitiera crear contenidos de forma rápida al no tener que escribir prácticamente nada de código, pues todo venía integrado en el SDK del proyecto. Así, el cuello de botella que suele ser dotar después de vida a estos metaversos se eliminaba y cualquier empresa colaboradora podría crear experiencias y contenidos en apenas unas semanas con un poco de explicación sobre la herramienta.

Para desarrollar este proyecto tuvimos que ir a lo grande: unas sesenta personas integraron el *dream team* de creación tanto de la plataforma, junto a Optiva, como de los contenidos iniciales para el día del lanzamiento. Pero esta vez íbamos con calma, no era una aventura como las otras; aquí había entregas, hitos y revisiones, y Edu, Abel y *Jota* demostraron ser los maestros del tema. Billy, nuestro colaborador en el diseño, hizo un trabajo impresionante, digno de analizarse con los años como uno de los primeros estudios de UX y UI del metaverso.

Metaverso de Vodafone, isla principal.

Metaverso de Vodafone, sala de aventuras.

Mientras estábamos terminando este gran proyecto, sucedió lo que ya preveíamos durante la colaboración con Facebook: algo internamente estaba cambiando, y el gigante tecnológico iba a lo grande con la parte virtual. Empezaron a salir notas de prensa donde Zuckerberg hablaba abiertamente de que Facebook iba a darle la vuelta a toda la compañía para construir el metaverso. Sí, lo había dicho: había dicho la palabra prohibida de la ciencia ficción, y parecía que iba en serio.

Inmediatamente el teléfono empezó a sonar cada pocas horas. La prensa, la TV y los creadores de pódcasts, todos alarmados por la noticia, requerían una explicación y nos identificaron como una de las voces cercanas a todo esto. Efectivamente, así era, estábamos en el lío y llevábamos un año diseñando el metaverso.

Como pude, hice corriendo un esquema de cómo creía que era ese metaverso que venía pero del que solo teníamos experiencia en dos proyectos, uno con Facebook y otro con Vodafone, aunque ya venían otros clientes que observaban esa tendencia y teníamos la experiencia de protometaversos de años atrás, del camino previo.

En el esquema hice un dibujo de una nueva web 3D en la que el contenido pasa de estar dentro de un marco *(frame)* (que puede ser la pantalla de un ordenador, un móvil o el cine) a romper los marcos para meternos en un mundo 3D a escala humana en el que el ser humano dará los pasos hacia un Internet de experiencias llamado *metaverso*.

Para acceder a este metaverso se tendrán las tres opciones de las que hablé en la introducción y que van de mayor a menor inmersión: la realidad virtual (100 % de inmersión), que nos mete de lleno en el metaverso en su máxima expresión, donde podemos sentir presencia e interactuar con todo como si estuviéramos en el otro lado; la realidad mixta (50 % de inmersión), que nos aproximará el metaverso al mundo real mediante gafas transparentes, y los protometaversos, basados en pantallas y navegadores web (10 % de inmersión), que son una evolución de los juegos masivos tipo Warcraft o protometaversos antiguos como Second Life. Sin duda estos son los que traerán una transición hacia los metaversos más inmersivos y a donde todo apunta que será el futuro.

Con este esquema fuimos sorteando aquellas primeras entrevistas y charlas, pero todo se volvió loco cuando a los pocos meses Facebook anunció que dejaba atrás la marca y pasaba a llamarse Meta debido a esa estrategia de construir el metaverso que había anunciado. La apuesta iba más allá de lo que habíamos imaginado y estábamos otra vez en la ola, pero esta vez era un tsunami que barrería todo lo conocido décadas atrás.

Este hecho hizo que todo se tambalease. Pensábamos que Facebook iba a presentar un departamento enfocado al metaverso, como ya había hecho antes con Oculus, pero no. La apuesta era total; el vídeo de presentación no dejaba lugar a duda: Facebook —ahora Meta— apostaba todo a este nuevo Internet 3D. La onda expansiva empezó inmediatamente y a los pocos días otras empresas mostraban sus planes en el metaverso: Disney, Nike, Nvidia, Google, Microsoft y Pico; e incluso países como Corea del Sur empezaban a financiar con billones de dólares todo esto.

Era como si de repente todo el mundo se hubiera vuelto loco en uno de esos momentos en los que, si uno se tira de cabeza a la piscina, todos lo hacen y nadie sabe cómo ni por qué. Sí, había planes, había ya desarrollo de años, pero ahora estábamos en un momento donde de repente todo era metaverso. Las noticias no paraban de salir y el efecto miedo a perderse algo *(fear of missing out [FOMO])* se apoderó del mercado.

Tal vez lo que no está planificado es lo que mueve a los imperios a su desaparición, a las grandes ideas, a triunfar inesperadamente. Es algo que ya había visto muchas veces en mi carrera: que todos, absolutamente todos, los hitos grandes nunca vienen con un plan bajo el brazo. Todo siempre sucede de forma improvisada, y la euforia del momento lo acelera.

De repente apareció otra vez esa sensación que viví de pequeño cuando, tras una guerra, se consigue dominar una situación y todo el universo se mueve en esa espiral de perfección que hace que digas: «Disfruta el momento, siéntelo y no pienses en el pasado o el futuro». Ese momento estaba aquí otra vez. Las piezas encajaban y algo enorme venía para hacernos llegar a otra aventura nueva.

Inmediatamente nos pusimos a organizar todo otra vez desde cero. Las piezas encajaban en un nuevo puzle: la realidad virtual, la realidad aumentada, la web3D, las *cryptos,* el 5G, los token no fungibles (NFT)... Eran demasiados conceptos y teníamos que aprender bastantes cosas nuevas.

En este momento, por un lado, nos centramos en evolucionar Virtual Voyagers para la avalancha de proyectos del metaverso que iba a llegar. No paraba de sonar el teléfono. Grandes marcas se sumaban a todo esto y tocaba hacer un filtro importante, ya que en los momentos de FOMO el 60 % de esas llamadas suelen buscar solamente el titular rápido, con proyectos falsos que generen alguna noticia. Decidimos decir no a todos y centrarnos en ese 40 % que sí venían a construir todo esto.

Por otro lado, lanzamos nuestra propia academia. Anteriormente habíamos hecho algunos pinitos con cursos de realidad virtual con nuestros amigos de UXER, con Javier a la cabeza. Edu, a quien le encanta formar a gente, vio la oportunidad de evolucionar este concepto para aproximarlo hacia el conocimiento sobre el metaverso que ya teníamos y empezamos a darle forma. Como siempre, Billy al diseño hizo una evolución de nuestro logo para formar la Virtual Voyagers Academy de forma magistral. Y, de repente, sonó de nuevo el teléfono: era de la Universidad Complutense de Madrid y Empower Talent, empresa colaboradora, que también habían visto la tendencia y querían sumarse a todo esto. ¿Cómo?

Muy sencillo. Les dijimos que, si añadíamos una titulación oficial de la Complutense al curso que teníamos ya medio preparado, «lo petaríamos». Inmediatamente se puso en marcha toda la maquinaria interna de la universidad pública n.º 1 según *Forbes* y a los pocos meses teníamos el *OK* oficial. La academia iba a contar con el primer título oficial en metaversos, tanto en dirección y creación como en negocio, un auténtico hito que logramos con nuestros compañeros de Empower Talent y Cristóbal, de la Complutense, que curiosamente fue compañero de Tuenti en aquellos años locos.

Cuando tuvimos todo listo, lo anunciamos en LinkedIn en apenas una o dos publicaciones y la avalancha nos sacudió: unas seiscientas solicitudes de admisión para apenas treinta plazas disponibles. Estaba claro: esto ya no tenía vuelta atrás. El metaverso era el nuevo Internet; la demanda lo dejaba claro.

La televisión, la prensa, las radios, los blogs, etc., todo el mundo quería saber de esto y, como otras veces, nos tocaba lidiar con esa fama que tanto amor-odio nos genera. Pero esta vez era desmesurado, un x10 de lo vivido en las otras olas.

Al día siguiente te despiertas y el metaverso sigue creciendo: nuevas noticias, nuevos *players* en el mercado. En estos momentos en los que escribo este libro ya es una realidad palpable pero en sus inicios. Es algo que aún se está construyendo, pero en unos años lo veremos en todo su esplendor.

— «El metaverso es una realidad palpable, pero está en sus inicios. Es algo que aún se está construyendo y en unos años lo veremos en todo su esplendor». **—**

Sin duda es un momento dulce. Hoy somos parte de todo esto. El esfuerzo de años, el gran sacrificio, el riesgo que ha asumido todo el equipo, nos ha llevado a ser parte de la historia del inicio de algo que cambiará la sociedad y que enriquecerá enormemente las experiencias que podremos vivir en el futuro.

De pequeño siempre soñé con viajar a la época de los dinosaurios para verlos allí andando por las grandes estepas. Deseaba pasar de aquellos dibujos en papel que ponía en la pizarra del colegio a una visión casi real, tan real como la imaginación alcanzara. Esto lo posibilitará el metaverso, y además podré hacerlo en compañía de otros y ampliar nuestros conocimientos.

También podré viajar a aquellos planetas que conquistábamos con nuestras naves hechas de lavadoras y televisores rotos en los descampados de mi infancia. Allí eran reales, era necesario que fueran reales, y ahora lo serán. Y podré jugar con otros jugadores para competir como lo hacía con mi amigo Javi.

También podré crear ese parque temático que nunca llegó a construirse y que veía en mi mente, que tenía diseñado centímetro a centímetro en aquel plan maestro que hicimos pero que el mundo gris se llevó. Ahora puedo recorrerlo, vivir allí mil aventuras e ir a conciertos con otros avatares; eso es el metaverso.

El metaverso es todo lo que cada persona quiera que sea. Si aplicamos una capa de imaginación y esperanza, será el mejor de los lugares; un sitio para aprender de las vivencias de sus creadores, mejorar como personas y disfrutar de auténticas experiencias. Por el contrario, si lo vemos como un arma, como algo oscuro, terminaremos convirtiéndolo en algo peligroso. En nuestras manos está. En estos momentos en los que todo se está definiendo, las bases, la ética, la sostenibilidad, el diseño, su ecosistema, aún todo es posible. En nuestras manos está que apliquemos todo lo bueno de la invención y la creatividad humana, como se hizo cuando alcanzamos la Luna, en una gran competición que hizo a la humanidad dar un salto positivo del que hoy seguimos viendo sus consecuencias.

No sé dónde estaremos en dos o diez años. Todo avanza muy rápido y seguro que andaremos en alguna de las olas que seguirán a este momento 0 del metaverso. Solo sé que desde aquel momento en el que me puse aquellas Oculus todo cambió para mí. Fue algo que conectó con ese creador de mundos que nació en los campos de juego de la infancia, y creo que ahí reside el éxito del metaverso, en que es algo que engancha con ese niño eterno que siempre vivirá en nuestro interior; ese niño sin miedos que aún no ha tenido la experiencia necesaria para ponerse barreras y puede con todo por pura ingenuidad; ese niño interior que todos los que fuimos entrando en esta aventura identificamos en algún momento (Luckey, Zuckerberg, Cathy, *Jota,* Edu, Cristian, María, Javi, Billy, Soraya, Alfonso, Pere, Xavi, Emilio, Javi Medina, Rober, Nico, Luca, Abel, Patri, Manuel, Adrián, Alejandro, Acostas, RealoVirtual, Lucas, Jugón, Pedro y tantos miles) y que ha conseguido, sin saberlo, que uno de los sectores más importantes y trascendentes en décadas sea ya una realidad.

Gracias a todos por haberlo logrado. El mundo avanza cuando no miramos el precipicio sobre el que caminamos.

▬ «El metaverso es todo lo que cada persona quiera que sea. Si aplicamos una capa de imaginación y esperanza, será el mejor de los lugares». **▬**

Año 2035

El metaverso ya es una realidad, pero hubo un tiempo pasado de aventura y riesgo que hizo posible que llegase a nuestras vidas.

Hubo valientes visionarios que, desde su pequeño laboratorio de óptica y electrónica, diseñaron las primeras gafas inmersivas; genios que lograron acercar estas tecnologías a las masas con proyectos de micromecenazgo; empresas que quebraron pero dieron un pasito más en el camino y otras que perduraron y supieron tomar el testigo de las anteriores, y grandes grupos tecnológicos que creyeron en ello y vieron que la comunicación humana necesitaba un nuevo salto cuántico y decidieron invertir y arriesgar su futuro mientras poco a poco se iba consolidando un estándar.

Todos crearon algo único, un universo nuevo de comunicación que, simplemente, nos invita a vivir todo aquello que deseamos o imaginamos, a conectar a personas para vivir experiencias en un nuevo Internet 3D que ya se utiliza de forma masiva y que ha generado una nueva economía, algo nunca visto, descentralizado, más equitativo.

Nadie sabe cuál será la siguiente ola, el siguiente salto; lo que sí sabemos es que estará protagonizada por personas valientes y por sus sueños, los sueños que nacen en ese niño que todos llevamos dentro.

Abril, año 2022

Acabo de recibir una llamada muy importante. El metaverso está moviendo fichas a gran escala y tal vez sea el inicio de una nueva aventura para los Virtual Voyagers a otro nivel.

El viaje continuará...